Polizisten weinen nicht

Christine Dobretsberger (Hg.)

Polizisten weinen nicht

Der Mensch hinter der Uniform

Molden

Impressum

ISBN: 978-3-85485-262-9

www.ichlese.at

Umschlag- und Buchgestaltung: Bruno Wegscheider
Umschlagfoto: Helmut Fohringer / APA / picturedesk.com
Herstellung und Lektorat: Marion Mauthe
Druck und Bindung: Grafica Veneta SpA, Trebaseleghe

Inhalt

Vorwort

Gefühle zu zeigen ist im Rahmen der Polizeiarbeit ein absolutes Tabu. Emotionen haben am Tatort nichts verloren. Polizistinnen und Polizisten müssen abgebrüht und stark sein. Und das rund um die Uhr. Anders wäre diese Arbeit nicht zu bewältigen. Soviel zum Berufskodex, zum äußeren Eindruck, der vermittelt wird.

Doch wie sieht es in der Praxis aus? Wie gehen Polizistinnen und Polizisten tatsächlich damit um, tagtäglich mit problematischen Situationen konfrontiert zu werden? Was bedeutet es, im Ernstfall Entscheidungen auf Leben und Tod zu treffen? Welche persönlichen Strategien werden entwickelt, um den Polizeialltag zu meistern?

All diese Fragen dienten als Initialzündung zur Buchidee, Polizistinnen und Polizisten persönlich zu Wort kommen zu lassen und ihnen ein Forum für jene Geschichten zu bieten, die ihnen trotz aller Routine unter die Haut gingen. Kurzum: Der Mensch hinter der Uniform sollte seine Stimme erheben.

Ein in vielerlei Hinsicht gewagtes Projekt. Denn Polizeiarbeit unterliegt strengen Normen. Dienstgeheimnis und Schweigepflicht sind im Normalfall mit offenherzigen Schilderungen nicht vereinbar. Dass Sie nun das Buch „Polizisten weinen nicht – Der Mensch hinter der Uniform" in Händen halten, ist ausschließlich dem Vertrauen und dem Mut vieler Menschen zu verdanken. Im Alleingang wäre dieses Vorhaben nicht realisierbar gewesen.

Deshalb gilt mein allererster Dank jenen Menschen, die den Grundstein für die Umsetzung dieses Projekts gelegt haben: dem Vorstand der Österreichischen Beamtenversicherung

(ÖBV), namentlich Mag. Josef Trawöger und Dr. Karl Heinz Setinek. Mithilfe der ÖBV wurde ein Schreibwettbewerb ins Leben gerufen, der sich an alle österreichischen Polizistinnen und Polizisten richtete. Im Rahmen dieser Aktion waren sämtliche im Exekutiv-Bereich tätigen Menschen dazu eingeladen, ihre bemerkenswertesten Erlebnisse in literarisierter Form zu Papier zu bringen. Und eines vorweg: Interesse und Echo der Polizistinnen und Polizisten waren enorm. Weit über hundert Einsendungen dürfen als eindeutiger Beweis dafür verstanden werden, dass die Zeit für die Umsetzung dieser Buchidee reif war.
Herzlicher Dank gilt auch den Initiatoren des Polizeicafés (www.polizeicafe.at), die viele ihrer schriftstellerisch tätigen Kollegen für unser Buchprojekt begeistern konnten.
Doch zurück zur Entstehungsgeschichte: Nachdem nun eine vertrauenswürdige Plattform für dieses Projekt geschaffen war, wurde auch von offizieller Seite grünes Licht für dieses Buchvorhaben signalisiert. Hierfür möchte ich mich bei Dr. Herbert Anderl (Generaldirektor für Öffentliche Sicherheit), Polizeipräsident Dr. Gerhard Pürstl und Landespolizeikommandant Karl Mahrer sehr bedanken.
Last not least sei an dieser Stelle nachdrücklich auf den starken „Dritten im Bunde“ hingewiesen: den Molden Verlag. Hier gilt mein Dank allen Verantwortlichen, ganz besonders aber Mag. Gerda Schaffelhofer und Dr. Johannes Sachslehner, die der Projektidee von Anbeginn aufgeschlossen gegenüberstanden. Vielen Dank für den Vertrauensbonus, der den Entstehungsprozess des Buches maßgeblich beeinflusste.
Konkret auf Schiene war das Projekt im April 2009. Ab diesem Zeitpunkt waren Österreichs Polizistinnen und Polizisten am Zug. Und es war für alle Beteiligte ein besonderer Moment,

als die erste Polizei-Geschichte via Internetplattform eingereicht wurde. Noch dazu ein Beitrag, der punktgenau den Nerv dieses Projektes traf: Ein berührender Fall, der durch die eindringliche Schilderung noch zusätzlich an Brisanz gewann. Gleichzeitig machte die erste Geschichte auch deutlich, wie sehr sich reale Ermittlungsarbeit von TV-Krimi-Fiktion unterscheidet, wo nach rund 90 Minuten ein Fall geklärt ist und physische wie psychische Belastungen mit einem smarten Lächeln einfach ad acta gelegt werden.

Reale Polizeiarbeit ist im Normalfall alles andere als cool und lässig. Uniform macht zwar unnahbar, schützt aber weder vor Trauer noch vor Schmerz. Beweis hierfür ist ein Gutteil der in diesem Buch versammelten Geschichten. Wenn beispielsweise von tragischen Suizidfällen, entführten Babys, brutalen Serienmördern oder Jahrhundertkatastrophen wie jene in Kaprun oder dem Tsunami-Desaster in Thailand die Rede ist, bleibt wohl kaum ein Auge trocken – bisweilen auch nicht jenes des Gesetzes. Trotz aller Berufserfahrung gibt es Situationen, die auch nach Dienstschluss innerlich nachklingen. Vielleicht sogar bis zum heutigen Tag. Manchmal ein Leben lang.

Demgegenüber kommen aber auch Schilderungen nicht zu kurz, die das Herz höher schlagen lassen. Denn dieser Beruf hat – selten aber doch – auch seine beglückende Seite: Wenn es gelingt, Leben zu retten oder Verbrechen zu verhindern, wird nicht nur aus der Sicht der Betroffenen der Uniformierte plötzlich zum Menschen.

Auch für mich ergab sich eine Änderung der Sichtweise, die sich im Rahmen meiner Arbeit an diesem Buch Woche für Woche intensivierte. Und ich möchte mich bei allen Polizistinnen und Polizisten aufrichtig und herzlich für Zeit und Engagement bedanken, die sie diesem Buchprojekt entgegenbrachten. Egal ob in persönlichen Gesprächen oder via E-Mail-Korrespondenz: Sämtliche Autorinnen und Autoren zeigten sich ausgesprochen kooperativ und waren stets verlässlich zur Stelle, wenn es um die Klärung noch offener Fragen oder um den Feinschliff ihrer Geschichten ging. Eine Zusammenarbeit im besten Sinn des Wortes. Ein seltenes Gut, das mir als wohltuender Nachhall im Gedächtnis bleiben wird.

Christine Dobretsberger

Thomas Angerer
Bezirksinspektor

Landeskriminalamt Wien – AB 06
Erkennungsdienst – Daktyloskopie

Bis dass der Tod uns scheidet...

„Blinded By The Light" kam aus dem Radio unseres Funkwagens. Es war ein ungewöhnlich ruhiger Freitagnachmittag gewesen, sogar für den ohnehin recht friedlichen Bezirk, in dem ich seit zweieinhalb Jahren Dienst tat. Es war der 19. Oktober 2000. Der Vorabend zur Hochzeit meines Bruders, die erste Diensttour nach einem zweiwöchigen Griechenland-Urlaub.
Ich hatte noch einiges vor an diesem Abend. Zuerst mit meinem Partner, der später übrigens auch mein Trauzeuge wurde, ein gemütliches Bier trinken, danach sollte daheim noch das Geschenk für meinen Bruder vorbereitet werden. Die Glückwunschkarte wollte ich auch selbst machen – ist schließlich persönlicher!
Unser Funkwagen – „Richard 2" – wurde in eine der nobelsten Ecken des Bezirks gerufen. Der Aufforderer war irritiert von einem komischen Geruch, den er von seinem Balkon aus bemerkte. Schwach, aber doch, registrierten wir diesen Geruch bereits im Stiegenhaus. Mein erster Gedanke: „Aber das kann doch keine Leiche sein!" Ich hatte ja schon einige davon – ein-

mal sogar ein paar in Serie, woraufhin die Kollegen meinten, man könne mit mir nicht ausfahren, weil dann immer eine Leiche im Spiel sei. Ich sei ein „Totenvogel"! Nun, als „alter Hase" – zusammen brachten wir es gerade einmal auf acht Dienstjahre – sagte ich mir: „Das ist bestimmt keine Leiche." Schließlich kann nicht sein, was nicht sein darf. Außerdem hatte ich noch einiges vor an diesem Abend.

Während des Wartens auf die Feuerwehr, die uns die Wohnung öffnen sollte, aus der vermutlich der Geruch kam, erzählte uns der Anrufer aus dem Leben des Wohnungsbesitzers: ein netter Herr um die siebzig, hochintelligent, war früher Chemiker. Er selbst hatte ihn seit einer Woche nicht gesehen, aber man denkt sich wohl nichts dabei. Schließlich hat der Mann Geld, bestimmt ist er verreist und hat nur vergessen, den Bio-Müll hinaus zu tragen. Obwohl, seit seine Frau vor zwei Jahren gestorben ist, hat er sich schon sehr zurückgezogen.

Die Feuerwehr erledigte ihre Arbeit gewohnt zuverlässig, nicht ohne den typischen Humor und – voilà – schon waren wir drinnen.

Der Geruch machte uns fast sicher. Der Zeitungsständer im Vorzimmer gab uns die Gewissheit. Er war vor dem Eingang ins Wohnzimmer platziert und mit einem Zettel versehen: „Nur Profis weitergehen, Leichenanblick ist nicht schön!" Ein Satz, der sich in meinem Gedächtnis festsetzte.

Wir gingen weiter. Schließlich waren wir ja Profis, oder? Von diesem Moment an bin ich die Wohnung schon mehrfach durchwandert. Wie im Film, wenn der Kameramann die Perspektive der Handkamera wählt. Also wie in „Dancer In The Dark". Wir gingen auf den Balkon. Der alte Mann hatte sich das schön ausgedacht: Schlaftabletten und ein Plastiksack

über dem Kopf. Seine Hände hielten noch die Schnur, mit der er den Sack zugezogen hatte. So lag er friedlich auf der Bank am Balkon, wo er im Lauf seines Lebens mit seiner Frau wohl einige Gläschen in trauter Zweisamkeit genossen hatte.
Der Rest sollte wohl Routine sein. War es aber nicht. Sonst würde ich nicht heute noch regelmäßig daran denken. Im Wohnzimmer war beim Fernseher der Antennenstecker gezogen, damit der Blitz nicht einfährt. Die Fernbedienungen lagen in Reih' und Glied, parallel zueinander, im rechten Winkel zum Fernseher. In der Küche war der Kühlschrank geleert, abgetaut und gereinigt. Am Küchentisch war ebenfalls alles vorbereitet: Ein Stapel Briefe, ausreichend frankiert, mit einem Post-it *Bitte zur Post bringen!* Dreihundert Schilling mit einem Post-it *Für den Hausmeister als Dankeschön.* Eine Schachtel Pralinen mit einem Post-it *Für die Nachbarskinder als Zerstörer der Bikini-Figur!* – Die Nachbarskinder waren namentlich angeführt, einzig und allein daran kann ich mich nicht mehr im Detail erinnern. Und so lagen da noch einige andere Sachen, vorbereitet für einen perfekt organisierten Abgang.
Speziell die Erinnerung ans Schlafzimmer erzeugt bis zum heutigen Tag bei mir Gänsehaut. Oder vielleicht heute mehr als damals. Jetzt, wo ich selbst verheiratet bin, Kinder habe. Das Bett war perfekt gemacht. Die Seite, wo seine Frau wohl immer geschlafen haben muss, war leicht erkennbar. Ihre Hausschuhe standen davor, ein Strauß Blumen auf dem Kopfkissen drapiert. Warum schlafen Frauen eigentlich immer auf der Seite, wo die Schlafzimmertüre ist?
Nachdem die Routine doch wieder Überhand gewinnen musste – irgendwer hatte ja die Meldung zu schreiben – wurde der Abend im Stammlokal beschlossen. Das Geschenk für meinen Bruder bestand aus einer nicht sehr schönen Karte aus

der Trafik und einem hinein gekritzelten Gutschein. Er nahm's nicht übel. Er ist selbst Polizist und wusste, wovon ich sprach, als ich ihm die Geschichte erzählte.
Manchmal, in Tag- wie in Nachtträumen, stehe ich vor dem Schlafzimmer des alten Mannes. Ich sehe die Blumen. Ich sehe die Schuhe. Ich spüre die Liebe.

Josef Gaschl
Chefinspektor

Landespolizeikommando Wien
Kommandant
der Polizeiinspektion Stiftgasse

Alexander

Das Moped aufgefrisiert, am Gepäcksträger ein Radio mit Lautsprechern montiert – so fuhr er durch die Burggasse. Unüberhörbar. Und so lernten wir einander kennen. Alexander war ein lebensfroher Bursche. 17 Jahre alt und gerade dabei, seine Mechanikerlehre abzuschließen. Ich war damals ein junger Polizist. Der 7. Bezirk war mein Revier. Hier wohnte auch Alexander. Man lief sich zwangsläufig des Öfteren über den Weg, kannte sich vom Sehen, wechselte bisweilen ein paar Worte.

Es ist oft schwierig zu begründen, weshalb sich mit manchen Menschen im Lauf der Zeit eine Art Verbundenheit entwickelt. Mit Alexander war dies eben der Fall. Vielleicht, weil ich ursprünglich ebenfalls eine Mechanikerausbildung absolvierte, vielleicht einfach aufgrund von spontaner gegenseitiger Sympathie. Kurzum: Wir hielten losen Kontakt und ich kannte auch seine Freundin, die er mir eines Tages vorstellte. Alexander war in meinen Augen ein aufgeweckter, netter Kerl. Dann wurde er 18 Jahre alt, bekam ein Auto und die Probleme begannen. Er trank zu viel, und eines Tages kam es, wie es kommen musste: Alexander wurde mit reichlich Alkohol im Blut erwischt und der Führerschein war für einige Wochen weg. Zu diesem Zeitpunkt dachte ich mir noch: Gut, das kann passieren. Eine typische Jugendtorheit. Machte mir aber keine weiteren Gedanken, zumal ansonsten alles gut zu laufen schien. Alexander fand hier im Bezirk Arbeit in einem Parkhaus und unser Kontakt intensivierte sich insofern, als er mich regelmäßig wissen ließ, wenn Autos verdächtig lang in der Garage abgestellt waren. In den meisten Fällen handelte es sich dann um gestohlene Fahrzeuge. Alexanders Hinweise waren für unsere Ermittlungsarbeit sehr hilfreich. Im Gegenzug drückte ich das eine oder andere Mal ein Auge zu, wenn bei Alexander ein Strafmandat anstand. Es war ein fairer und in gewisser Weise auch freundschaftlicher Austausch.

Dass unser Kontakt dann abrupt für einige Zeit aussetzte, hatte eine berufliche Ursache. Im Rahmen einer Festnahme eines Ladendiebes wurde ich vom Täter ziemlich heftig gekratzt und infolgedessen mit Hepatitis B infiziert. Ich war drei Monate im Krankenstand. Da ich außerhalb von Wien wohne, herrschte zwischen Alexander und mir Funkstille.

Aber in der Zwischenzeit hatte sich einiges getan. Wegen Trunkenheit am Steuer wurde ihm zum zweiten Mal der Führerschein entzogen. Doch damit nicht genug: Er fuhr sein Auto zu Schrott, verlor seine Arbeit und seine Freundin ging ebenfalls flöten. Nahezu zeitgleich ereignete sich eine Serie von Autodiebstählen, die allesamt in jener Parkgarage verübt wurden, in der Alexander zuletzt arbeitete. Die Fahrzeuge wurden zumeist in der Burggasse beziehungsweise in Gürtelnähe wieder aufgefunden und waren gänzlich unbeschädigt. Der Täter musste sich gut mit Autos auskennen.

Mein erster Gedanke war: Das war der Alexander. Alles passte zusammen. Er kannte die Parkgarage wie seine Westentasche, verfügte über Mechaniker-Know-how – für ihn war es ein

Kinderspiel, Türschlösser ohne Beschädigung zu öffnen und den Wagen via Kurzschluss-Technik zu starten. All diese Parallelen konnten kein Zufall sein.
Also beschloss ich, ihn sicherheitshalber einen Abend lang zu beobachten. Da ich wusste, wo er wohnte, parkte ich meinen Wagen in Blickweite seines Hauses und wartete. Tatsächlich dauerte es nicht lang, bis ein Auto in die Gasse einbog und vor dem Haustor einparkte. Alexander saß am Beifahrersitz. Als die beiden Burschen ausstiegen, stellte ich ihn zur Rede. Er behauptete, sie hätten lediglich für einen Freund ein Autoradio gekauft. Doch das Radio, das er in Händen hielt, war eindeutig gestohlen. Als ich das Fahrzeug näher inspizierte, entdeckte ich unter dem Fahrersitz eine Waffe, die aber niemandem gehören wollte. Beide mussten aufs Revier mitkommen. Angesprochen auf die Autodiebstähle, schüttelten beide Burschen nur den Kopf.
Erst als ein Lederetui mit den Fahrzeugpapieren eines gestohlenen Autos auftauchte, gab Alexander diese Tat zu. Mit den anderen Fällen wollte er aber nichts zu tun haben. Alexander wurde vorerst festgenommen und der Fall ans Gericht weitergeleitet. Vor der Verhandlung redete ich ihm ins Gewissen, ausschließlich bei der Wahrheit zu bleiben. Dies käme immer am besten an und hätte auch die aussichtsreichsten Chancen für ein mildes Urteil. Gesagt, getan. Alexander schilderte die Situation beziehungsweise seine momentane Pechsträhne ganz genauso, wie sie war, und wickelte, dank seiner fröhlichen Art, Staatsanwalt und Richter um den Finger. Man war sich einig, dass es sich um einen Ausrutscher, um pubertäre Unvernunft handelte, und Alexander kam mit einer Verwarnung davon.
Nun hoffte ich natürlich, dass sich in Zukunft das Blatt wieder zum Guten wenden würde. Doch trotz aller grundsätzlichen

Sympathie diesem Burschen gegenüber, schien er mehr und mehr auf die schiefe Bahn zu geraten. Auch seine Mutter hatte ihn nicht mehr im Griff. Der Einfluss seines neuen Freundeskreises war einfach zu mächtig. Unser Kontakt wurde in diesem Jahr zunehmend loser.

Als ich eines Morgens aufs Revier kam, herrschte höchste Aufregung. In der Nacht war ein Mann ermordet worden. Die beiden Täter waren bereits festgenommen. Als ich ihre Namen erfuhr, war ich fassungslos: Alexander war einer von ihnen. Diese Nachricht traf mich wie ein Blitz. Ich konnte nicht glauben, dass Alexander zu so einer Tat imstande war. Meine Kollegen, die ihn ebenfalls kannten, waren auch schockiert. Wie konnte das bloß passieren?

Tatsache war, dass Alexander mit einem seiner sogenannten Freunde in einem Lokal ein Bier nach dem anderen getrunken hatte. Als am Nebentisch ein alter Mann mit dicker Brieftasche zahlte und aufbrach, folgten sie ihm. Sie wollten ihn ausrauben, gerieten dann aber plötzlich in Panik und erschlugen ihr Opfer. Ich konnte und wollte immer noch nicht glauben, dass Alexander so eine Tat begeht. Für mich war er mit seinen 19 Jahren noch nicht einmal erwachsen. Und schon hatte er sein Leben verpfuscht.

Alexander und sein Komplize wurden wegen Raubmordes zu 19 Jahren Haft verurteilt. Seine Strafe hatte er in Graz abzusitzen. Zu Weihnachten und zu Ostern schickte ich ihm regelmäßig eine Karte oder eine Stange Zigaretten. Er bat mich im Gegenzug, mich ab und zu um seine Mutter zu kümmern, die übrigens – obwohl herzkrank – viermal pro Woche mit der Bahn nach Graz fuhr, um ihren Sohn zu besuchen.

15 Jahre vergingen. Dann wurde Alexander nach Wien überstellt, genauer gesagt nach Simmering, in eine Sozialeinrich-

tung zur Wiedereingliederung in die Gesellschaft. Tagsüber durfte er seine Mutter besuchen, die unweit von unsrem Wachzimmer entfernt wohnt.
Eines Tages stand er plötzlich bei uns am Revier vor der Türe. Gänzlich ergraut, noch keine 40 Jahre alt. Er wusste nicht so recht, was er sagen sollte. Hatte sich einfach furchtbar geniert. Seither sind wir wieder sporadisch in Kontakt. Ich kenne in groben Zügen seine momentane Lebenssituation, den einen oder anderen Plan für die Zukunft sowie seine neue Freundin. Immer noch rätselhaft und unbekannt sind mir hingegen die Beweggründe für seine damalige Tat – ihm im Übrigen auch. Noch während seiner Haftstrafe teilte er mir in einem Brief mit, dass er sich einfach nicht erklären könne, wie das passieren konnte.
Selbst stellt man sich natürlich auch jede Menge Fragen. Macht sich Gedanken, ob man sein Abdriften auf die schiefe Bahn vielleicht doch hätte verhindern können. Als ihm das erste Mal der Führerschein abgenommen wurde, wäre hierfür vielleicht noch eine Chance gewesen. Möglicherweise hätte man sich damals intensiver mit dem Burschen beschäftigen sollen. Aber hat man Zeit dafür? Neben Beruf, Familie und eigenen Sorgen? Natürlich war ich furchtbar enttäuscht, dass er so etwas getan hatte. Der Alex, der lebensfrohe Bursche auf seinem auffrisierten Moped mit hallend lauter Musik. Man konnte ihn einfach nicht überhören.

Johann Schaffer

Chefinspektor i. R.

Landeskriminalamt Wien
Referat zur Bekämpfung
von Kapitalverbrechen

Ein verlängerter Schwarzer und ein Cognac

Sie lag tot auf dem Küchenboden. Um sie herum das reinste Chaos: Aufgerissene Laden, durchwühlte Wandschränke, Kochtöpfe in allen Größen und Farben und zerbrochenes Geschirr. Keine Frage: Diese Frau wurde Opfer eines Raubmordes. Der Hinweis erfolgte vom Sohn der Toten. Er fand seine Mutter in den frühen Vormittagsstunden und informierte umgehend die Polizei. Die Frau war 91 Jahre alt. Sie kam eindeutig durch Gewalteinwirkung ums Leben.

Wir starteten mit unseren Ermittlungen im Umkreis ihrer Wohnung, im sogenannten „Struwerviertel". Ein Stadtteil im 2. Wiener Gemeindebezirk, der auch „die Insel" genannt wird. Fast alle Menschen, die dort wohnen, kennen einander persönlich. Entsprechend groß war das Entsetzen über die Nachricht der Todesumstände der alten Dame, die in diesem Viertel ausgesprochen beliebt war. Man nannte sie Mama Wanko, niemand konnte sich erklären, wer dieser sympathischen Frau etwas antun konnte.

Mittlerweile hatten wir auch das Ergebnis aus der Gerichtsmedizin vorliegen. Das Opfer wurde vermutlich von hinten gepackt und erdrückt. Ein weiteres Indiz dafür, dass der Täter

sehr kräftig sein musste, war die Eisenkassa, die am Tatort gefunden wurde. Um an die Ersparnisse der Frau heranzukommen, wurde die Geldkassette mit einer Geflügelschere aufgeschnitten.
Was diesem Fall zusätzliche Brisanz verlieh, war die persönliche Betroffenheit von ausgesprochen vielen Menschen. Im Struwerviertel herrschte Trauer und Entsetzen. Klar, dass wir ebenfalls mit viel Herzblut bei der Sache waren. Im Zuge unserer Erhebungen grasten wir sämtliche Gasthäuser im Bezirk ab. Zuletzt sah man Mama Wanko am 1. November in einem Lokal, das sie an diesem Tag früher als gewohnt verließ. Sie wollte noch ihre Sparvereinseinzahlung tätigen. In jenem Lokal führten wir mit allen Anwesenden Gespräche. Ein Gast zeigte sich besonders erbost über den Vorfall und mischte sich permanent in unsere Ermittlungen ein. Er war sichtlich nicht mehr ganz nüchtern und entsprechend emotional. Ungebremst ließ er seinem Ärger über einen ihm bislang unbekannten Mann freien Lauf, der ihm an besagtem Tag seinen Stammplatz an der Bar wegschnappte. „Der Typ war groß, bärenstark und hatte einen Vollbart. Er bestellte einen verlängerten Schwarzen und einen Cognac. Ich bin sicher, dass dieser Mann unsrer Mama Wanko nachgegangen ist!"
Wenngleich die Aussage eines Betrunkenen natürlich mit Vorsicht zu genießen ist, wurde ich hellhörig. Ich nahm Notizblock und Bleistift zur Hand und begann nach der Beschreibung des Gastes ein Phantombild des Mannes zu zeichnen. Eine Aktion, die mir übrigens beinahe ein Disziplinarverfahren eingebracht hätte, weil derlei Aufgaben in den Kompetenzbereich der EDV-Abteilung fallen. Aber ich wollte einfach nichts unversucht lassen. Nicht zuletzt deshalb, weil mittlerweile eine zweite alte Dame dasselbe grausame Schicksal

ereilte. Auch sie lag tot in ihrer gänzlich durchwühlten Wohnung. Auch sie starb an den Folgen einer brutalen Umklammerung.
Unsere Ermittlungen liefen auf Hochtouren. Das Phantombild kursierte im gesamten Struwerviertel. Ein Kollege von der Suchtgiftfahndung gab uns den Tipp, ein bestimmtes Café in der Taborstraße aufzusuchen. Die Wirtin sei mit einem Mann befreundet gewesen, der dem Phantombild ähnelte. Dort angekommen, öffnete sich wenig später die Türe und ein Mann kam herein, auf den punktgenau die Beschreibung passte. Er ging an die Theke und bestellte einen verlängerten Schwarzen und einen Cognac. Das war für meinen Kollegen und mich das Stichwort! Wir standen auf, gingen auf den Mann zu und gaben ihm zu verstehen, mit uns mitzukommen.
Am Revier bestritt der Mann jeden Zusammenhang mit den beiden Morden. Zur Tatzeit hätte er hieb- und stichfeste Alibis. Nun begann ein Wettlauf mit der Zeit. Während wir die Alibis überprüften, die letztlich allesamt nicht der Wahrheit entsprachen, standen wir unter Druck des Untersuchungsrichters, der handfestes Beweismaterial forderte. Andernfalls müsse der Mann wieder auf freien Fuß gesetzt werden. Was in der Folge auch geschah – allerdings nur mehr für kurze Zeit.
Den entscheidenden Beweis erbrachte der Sohn der Ermordeten in Form eines Military-Messers, das er in der Wohnung seiner Mutter fand. Er war überzeugt, dass dieses Messer nicht seiner Mutter gehörte. Also gingen wir aufs Erkennungsamt und borgten uns verschiedene andere Messervarianten aus, die allesamt dem Verdächtigen vorgelegt wurden. Ohne zu zögern, zeigte er auf besagtes Military-Messer, das ihm „ohnedies schon abgegangen sei". Wie dieses Messer in die Wohnung der Frau gekommen sei, wäre ihm allerdings rätselhaft.

Angesichts des Beweismaterials konnte nun die Untersuchungshaft verhängt werden. Zu einem Geständnis war er allerdings immer noch nicht bereit. Stunde um Stunde verging, bis er uns plötzlich mit folgender Mitteilung überraschte: „Bringt mir meine Mutter. Wenn ich mit ihr geredet habe, werde ich euch alles erzählen."

Die Mutter des Verdächtigen, eine nette alte Dame, wohnte im Bezirk Melk in Niederösterreich. Sie wurde von der Gendarmerie mit einer Eskorte nach Wien gebracht. Die Vereinbarung war, dass er allein mit seiner Mutter sprechen durfte – aber die Türe war selbstverständlich offen. Er begrüßte sie mit den Worten: „Egal, was auch immer du demnächst über mich hören wirst. Bitte mach' dir keine Sorgen." Nach dem Gespräch brachten wir die Frau wieder nach Hause.

Der Verdächtige hielt Wort und legte nun ein umfassendes Geständnis über beide Morde ab. Er sei Mama Wanko nach der Sparvereinseinzahlung bis zu ihrer Wohnung nachgeschlichen. Als sie die Türe aufsperrte, packte er sie von hinten, um sie in die Wohnung zu tragen, wo er sie berauben wollte. Im Zuge dessen sei sie ihm verstorben, was er aber nicht wollte. Als er ein paar Tage später eine verwirrt wirkende alte Dame auf der Straße herumirren sah, folgte er ihr ebenfalls in ihre Wohnung und handelte ähnlich. In beiden Fällen war es zwar nicht seine Intention, vorsätzlich zu morden, er nahm aber in Kauf, dass die alten Damen an den Folgen des Überfalls sterben könnten.

Der Mann bekam lebenslänglich und trat seine Buße kommentarlos an.

Epilog:
Wenn man über Wochen nahezu rund um die Uhr mit einem Mordfall beschäftigt ist, fragt man sich natürlich immer wieder, was wohl im Kopf eines Mannes vorgehen mag, solche Taten zu setzen. Für mich persönlich wird dieser Fall auch deshalb unvergesslich bleiben, weil der Täter nicht ins brutale Verbrecherschema passte. Es gibt eiskalte Mörder, die bis zuletzt bei ihren Lügengeschichten bleiben, k. Konsequent alles abstreiten und es auf einen Indizienprozess ankommen lassen. Danach zwar ins Gefängnis wandern, aber keine Buße tun, sondern schließlich in Selbstmitleid zerfließen.
In diesem Fall verhielt sich die Sache allerdings ganz anders. Nachdem er mit seiner Mutter gesprochen hatte, zeigte er Reue und tat Buße. Den Opfern hilft dies freilich nichts und die Taten bleiben für immer unverzeihlich. Was ich aber zum Ausdruck bringen möchte: Dieser Mann war nicht von Grund auf schlecht, sondern komplett fehlgeleitet. Ein einfacher, bis dahin unbescholtener Mensch, der sich in Wien scheinbar nicht zurechtfand. Er war Rauchfangkehrer, hatte aber weder Arbeit noch Geld. Seine Mutter war der Ansicht, dass die Großstadt ihren Sohn mit der Zeit völlig ruiniert hätte. Die Morde an den beiden alten Damen seien ihm – nach eigener Aussage – „passiert". Was keineswegs als Entschuldigung zu verstehen ist, sondern als weiterer Hinweis dafür, wie das Leben in eine verbrecherische Dynamik entgleiten kann.
Auch aus polizeilicher Sicht wird mir dieser Fall stets in Erinnerung bleiben. Neben hervorragendem Teamwork führten viele Zufälle zum Täter, „hochprozentige" Zeugenaussagen sowie die nicht alltägliche Vorliebe für „einen verlängerten Schwarzen mit einem Cognac".

Reinhard Leprich
Gruppeninspektor

Bundespolizeidirektion Wien
Polizeianhaltezentrum Rossauer Lände

Nirgendwo ein Fremder

Angst! Mein Herz klopft schnell, bestimmt über zweihundertmal in der Minute. Ein tiefer Seufzer bricht aus meiner Kehle, ich fühle mich so einsam, wie bestimmt kein zweiter Mensch auf dieser Welt. Auch damals spürte ich diese Angst, diese Einsamkeit, diese Leere in mir. Ich erinnere mich, als wenn es gestern gewesen wäre.

Über mir krochen große, schwere Wolken zusammen, zeichneten dunkle Berge in den Himmel, ein dumpfes Grollen erhob sich hinter dem Tower zu einem donnernden Knall. Dicke Regentropfen schlugen herab, trafen mein Gesicht, meine Hände, meine nackten Füße in den Sandalen. Ich schlich die Gangway hinunter, roch das Kerosin vom Triebwerk der Maschine, den Angstschweiß, der das Hemd unter meinen Achseln nass gemacht hatte.

Die ersten Wasserlachen verteilten sich auf den regelmäßigen Betonkarrees der Landebahn. Die Luft, ich atmete sie sauber, fast keimfrei. Ein Liter Regenwasser reinigt beim Fallen 300.000 Liter Atmosphäre, dachte ich, aber das war nicht wirklich von Bedeutung.

„Ich habe Angst“, hatte ich neun Stunden vorher beim Lebewohl geflüstert.

„Angst ist ein seltsamer Wirt“, sagte der einzig Verbündete in meinem Leben, „aber auch eine Angehörige der Vernunft. Obwohl sie manchmal dumm erscheint.“
„Ich möchte nicht mehr vernünftig sein“, sagte ich. „Nicht mehr!“
„Ich weiß“, hatte er geantwortet.
Ich liebe mein Land. Natürlich liebe ich mein Land, und ich wäre im Flugzeug vor Kummer fast erstickt, doch meine Sehnsucht nach Freiheit, nach Unabhängigkeit, nach einer wertfreien, begreiflichen Rechtsordnung war stärker, als in verwahrlosten Hinterzimmern ein unruhiges Leben führen zu müssen. Morgens um acht war die Maschine von Damaskus gestartet, aus sieben Stunden Flugzeit waren neun geworden, wegen einer Zwischenlandung in irgendeiner europäischen Hauptstadt, eigentlich nicht erwähnenswert in meiner Situation, ich wurde von niemandem erwartet.
Ich betrat ein fremdes Land mit fremden Menschen und einer mir fremden Lebensweise. Und schon bei meinem ersten Zusammentreffen wurde mir eines klar: Ich trug einen virtuellen Spiegel auf meiner Stirn. Viele Menschen, die an mir vorbeiliefen, bemerkten diesen Spiegel nicht, andere sahen hinein, betrachteten ihr Gesicht darin, ihr Lächeln und gingen weiter, ohne Worte zu verlieren. Wieder andere sahen in diesem Spiegel das Böse an sich selbst und sie hassten mich, weil ich diesen Spiegel trug. Ich war ein Fremder, redete mir diesen Spiegel ein.
Ich suchte eine Erklärung für die, die mir mit Hass begegneten. Ich fragte mich, warum sie mich hassten, obwohl ich ihnen ein Unbekannter war. Ich gehöre von Geburt einer Randgruppe an, einer Minderheit, und dennoch sah ich immer das Gute im Menschen, dachte, dass nicht die Feind-

schaft und der Hass dem Menschen angeboren waren, sondern die Angst vor der Ferne, dem Unbekannten, dem Fremden.
Zwei Tage später stand ich in einem Restaurant, das sich Al-Dar nannte, arabisch für „Das Haus“, auf der Toilette, betrachtete meinen dunkelgelb gefärbten, sich kreiselnd in das finstere Loch des Pissoirs saugenden Urin, als plötzlich die Tür aufgerissen wurde, zwei uniformierte Polizisten hereinstürmten und unmissverständlich nach meinem Ausweis verlangten. Keine Minute später lagen meine Hände in Handschellen, der Ausweis hatte sich als Fälschung erwiesen.
Freilich wusste ich davon, hatte ich doch mein Haus und nicht zuletzt mein ganzes Leben verkauft, um die Flucht und die Reise mit dem gefälschten Papier überhaupt erst möglich zu machen. Ich musste ein Pseudonym kaufen, ich musste diesen Schwindel riskieren, um mein Leben zu retten. Ich bin Schriftsteller, regimekritisch, lästig, unerwünscht, mit nur einer Waffe, dem Wort. Unter meinem wirklichen Namen wäre mir die Ausreise verwehrt worden.
Noch am selben Tag fand ich mich dort, wovor ich davongelaufen war: Hinter vergitterten Luken, zwischen muffigem, verrauchtem Gefängnisidyll und Lautsprechergeplärr aus der Nebenzelle, das vom Kuriosum eines Straßenjungen erzählte, der kein Killer sein wollte. Sido, sollte ich später herausfinden, und noch viele seiner Hip-Hop-Sprechgesänge kennen lernen. Sechs Quadratmeter gehörten mir, waren meine Bleibe für eine Zeit, von der ich nicht wusste, wie lang sie dauern würde. Nächtelang saß ich auf der harten Holzpritsche, warf schwerfällige Blicke gegen den von Piktogrammen verschmierten, kalkbleichen Mauerputz. Zwei Wochen aß ich nichts, danach nur, wenn es sich nicht vermeiden ließ. Ganze Nachmittage lief ich die fünf Stockwerke des runden Gefängnistraktes auf

und ab, steigerte und drosselte mein Tempo, nahm eine, zwei oder drei Stufen auf einmal, und dachte in jeder Sekunde meines Trainings an die Zeit nach dieser Zeit. Bald, sagte ich mir, bald würde es so weit sein. Bald in drei Tagen? Bald in vier Wochen? Oder bald in einem Jahr? Wann, fragte ich mich, wann würde dieses Bald zur Wirklichkeit werden? Wann würde ich die sechs Quadratmeter verlassen dürfen? Wie bald?
Nachts nahm ich das Buch meines Freundes, eines bekannten syrischen Schriftstellers, zur Hand und begann die Zeilen auswendig zu lernen. Schnell war ich imstande, ganze Buchseiten aus dem Gedächtnis aufzusagen. Dann wanderte ich neben der Pritsche auf und ab, oft nächtelang, referierte gegen die Wand, gegen den Waschtisch oder die Kloschüssel, solang bis ich erschöpft absackte und am Betonboden in unruhigen Schlaf fiel.
Langsam machte ich auch Bekanntschaft mit den anderen Gefangenen. Zwanzig verschiedene Charaktere aus acht verschiedenen Ländern. Christen, Muslime, Hindus, Buddhisten, Juden, dazu einer, der für seinen Gott noch keinen Namen gefunden hatte. Manchmal, oft an Sonntagen, erlaubte das Wachpersonal, die Zellentüren offen zu halten. Dann bemühten sich andere Gefangene um meine Gesellschaft, suchten meine sechs Quadratmeter auf, lachten mit mir, erzählten mir von ihren Familien, ihren Sehnsüchten, Träumen, berichteten von ihrer Flucht über Meere, durch Kriegsgebiete, Sandwüsten, eingepfercht unter Reisekoffern und engen Kisten, ohne Wasser, ohne Luft. Neben Leichen.
Tagsüber hörte ich ihnen zu, in der Nacht vertraute ich ihre Geschichten dem Papier an. War ich vorher wie im Fieber das Treppenhaus hinauf und hinunter gelaufen, begann ich nun wieder zu schreiben. Ich hatte mir zwar geschworen, keinen

Bleistift mehr anzurühren, keine Tastatur zu bedienen, doch die Einsamkeit fraß mein Inneres auf. Ich lechzte nach Beschäftigung, also brach ich den Schwur. Ich schrieb mir die Finger blutig, da ich in diesen Augenblicken mein Alleinsein vergaß. Ich schrieb über die Gefangenen, die allein in ihren Zellen saßen oder sich ungeachtet ihrer Konfession am kalten Fliesenboden in der Runde am Korridor verträglich unterhielten. Ich schrieb über Schwarze und Weiße, die sich bei Spaziergängen im Hof über den Weg liefen und kein Wort über Hass verloren.

Jeden Sonntag schmiss ich die randvoll beschriebenen Zettel in den Mistkübel in meiner Zelle. Kein Wort und kein Satz durften erhalten bleiben. Warum ich das machte, weiß ich nicht, oder nicht mehr, es fiel mir aber nicht schwer.

Jeden Morgen teilte Aiman, der Palästinenser, das Frühstück aus. Er war groß und schlank, kein Schönheitsideal, Geiernase, Flügelohren, bewegliche, fast prüfende Augen, die alles in seiner Umgebung zu erfassen schienen. Auch schüchtern, intellektuell, korrekt. Exakt eine halbe Stunde später ging er noch einmal die Stockwerke durch, um den Müll einzusammeln. In meiner Zelle hielt er Rast, setzte sich auf die Pritsche, rauchte eine Zigarette. „Was helfen die beste Ausbildung und der anständigste Beruf", sagte er, „wenn im eigenen Land das Morden zum Alltag wird und das öffentliche Leben still gelegt ist?" In Amman als Kinderarzt zu arbeiten war schwer. Er floh, ließ Frau und zwei Kinder zurück, und landete schließlich nach viermonatiger Arbeit als Tellerwäscher im Gefängnis. Wir redeten über die Einsamkeit, die jeden von uns packte, wenn die schwere Eisentür ins Schloss fiel. Wir redeten über unsere Gefühle, nirgendwo zu Hause und überall ein Fremder zu sein. Wir redeten nie über seine Frau und seine beiden Kinder.

Aiman schenkte mir eine Pelargonie. Ich stellte sie auf das Fensterbrett, kippte jeden Tag Wasser hinein, bis der Topf überlief und sich Wasser und Erde in der Untertasse sammelten. Die Blüten dufteten nach Rosen, der Rosenduft hing in der Luft meiner sechs Quadratmeter. In der Nacht dachte ich oft an Aiman. Ich fragte mich, warum er seine Familie in den Wirren eines verlorenen Landes zurückgelassen hatte. Ich wagte nicht, ihn zu fragen. Wahrscheinlich gab es keinen Grund, warum er mir das hätte sagen sollen, und viele Gründe, es nicht zu tun. Und wenn ich schon am Nachdenken war, dann dachte ich auch an meine Familie.

Ich stamme aus einer gebildeten Damaszener Familie. Ich bin sehr glücklich darüber, denn in meinem Land gibt es auch heute noch viele Analphabeten. Sogar in Damaskus können viele Menschen nicht lesen und schreiben, weil sie entweder nicht bereit waren, ihre beduinischen Wurzeln abzustreifen oder nie die Möglichkeit bekamen, eine Schule zu besuchen. Mein Vater arbeitete als hoher Beamter im Finanzministerium, war ein angesehener Mann in der Stadt. Er war streng zu mir, seinem einzigen Kind, auch streng zu meiner Mutter. Sie war eine schöne Frau, mit dichtem, schwarzem, im Nacken aufgestecktem Haar, braunen glücklichen Augen und einer Sonne im Herzen. Wir wohnten in einem Haus mit einem großen Innenhof.

Jeden Tag wurde der Hof für meine Mutter und ihre Freundinnen zu einer Oase der Unterhaltung. Sie tranken Kaffee, aßen Kuchen und redeten. Ich saß oft schweigend daneben und protokollierte, was sie erzählten. Schon als Kind schrieb ich auf, was ich hörte. Manchmal schickte mich Mutter ins Haus zurück. Dann lief ich in das obere Stockwerk, kniete unter dem geöffneten Fenster meines Zimmers nieder und hörte heimlich zu. Sie erzählten vom Sex mit ihren Männern und kicherten dabei so laut, dass ich Mühe hatte, ihren Worten zu folgen. Ich wusste sofort, diese Sache war nicht für meine Ohren bestimmt.

Meine Frau Ayana war Armenierin. Eine hübsche Armenierin, klein und schlank, mit intelligenten Augen, die immer lachten. Sie ist tot. Meine Eltern sind tot. Gestorben bei einem Bombenanschlag vor drei Jahren.

Der Sprengsatz, der eigentlich mir gegolten hatte, explodierte in einem Restaurant in Damaskus, wir wollten gemeinsam zu Abend essen. Ich war auf der Toilette, als über mir der Himmel einstürzte. Irgendwie überlebte ich, schaffte es ins Freie, suchte auf allen vieren nach Ayana, nach meinen Eltern. Ich fand sie nicht. Niemand fand sie. „Drei Kilogramm Trinitrotoluol zerhacken 20 Leiber in Millionen mikroskopisch kleine Teile, verstreuen sie auf 170 Meter Länge und 90 Meter Breite“, erklärte ein Soldat der Armee am nächsten Tag im Fernsehen.

Angst! Mein Herz klopft schnell, und wieder spüre ich diese große Angst in mir. Wie damals am Flughafen, als ich meine Zukunft noch optimistisch betrachtet habe. Das ist anders geworden. Heute sehe ich sie realistisch, und ich weiß, ich hätte viel früher damit anfangen sollen. Meine Seele ist aufgespannt zwischen dem, was ich einst glauben wollte, und dem, was ich heute glauben muss. Schmerzhaft, als würde ich auf einer mittelalterlichen Streckbank liegen.

Ich sitze im Auto, das mich zum Flughafen fährt. Der Geruch von dreckigem Staub und säuerlichem Urin hängt in der Luft. Die Pelargonie ist braun und tot. Ich habe mich von ihr verabschiedet. Ich habe auch den Gefangenen Lebewohl gesagt. Von jedem einzelnen, denn jeder einzelne war in den 234 Tagen zu einem Freund geworden.

Das Auto hält an. Sind wir angekommen? frage ich mich, stehe auf, schaue durch das Gitter in den jungen Tag hinaus. Die Sonne steht noch tief, die Menschen in einer Straßenbahnhaltestelle werfen lange Schatten. Sie starren mich an, als würden ihnen die Augen aus den Höhlen fallen wollen. Der Hass, er zeigt mir, ich bin ein Fremder, egal, wohin mein Weg mich führt. Meine Hände klammern sich an die Stäbe, die Handschellen, die sie knebeln, scheppern dagegen. Der Spiegel auf meiner Stirn fällt mir ein, ich trage ihn noch immer. Nein, sage ich mir, ich trage ihn schon wieder, er war nur in Vergessenheit geraten. Das Auto fährt an, ein forscher Ruck lässt mich taumeln. Meine Hoffnung ist gestorben, bald schon werde ich im Flugzeug sitzen, ich weiß nicht, was mich zu Hause erwartet. Ich weiß es nicht!
Ich könnte verrückt werden. Und es wäre nicht abwegig, in diesem blechernen Kotter, der unter mir auf einmal zu schaukeln beginnt. Ich möchte diese Verrücktheit hinausschreien, doch meine Lippen pressen sich zusammen, so fest, als wollten sie verhindern, dass ein falsches Wort darüber schlüpft. Ich besitze die Kleidung, die ich am Körper trage, das Buch meines Freundes. Und ich besitze ein dickes Papierbündel, das Aiman mir beim Abschied unter Tränen anvertraut hatte: Meine auf Papier geworfenen Notizen! Ich lese die Zeilen, die er mir zum Abschied schrieb, wieder und wieder. Ich sauge die kräftigen, steilen Buchstaben in mir auf, doch die Schrift verliert ihre Kontur, ich lese durch den milchigen Vorhang meiner Tränen: „Lieber Ali, meine Frau und meine zwei Kinder sind getötet worden. Du siehst also, uns verbindet dasselbe Schicksal. Trotzdem sind wir in einem Punkt verschieden: Ich werde immer ein Fremder sein, wo immer ich auch bin, doch du mein Freund, du bist nirgendwo ein Fremder. Aiman."

Daniel Hejda
Bezirksinspektor

Landespolizeikommando Wien
Polizeiinspektion Fuhrmannsgasse

Pech für Panzerknacker

Blitzschnell saßen wir im Streifenwagen und fuhren in Richtung Lerchenfelderstraße. Es war 4.30 Uhr in der Früh. Nun hieß es keine Zeit verlieren. Sollte etwas an dem Hinweis dran sein, den wir vor wenigen Minuten über Telefon von einem Augenzeugen erhielten, waren soeben ganz besonders freche Einbrecher am Werk. Unser Informant befand sich gerade am Heimweg vom Wirtshaus, als er kurz vor seinem Haustor von drei Männern angesprochen wurde. Sie gaben sich als Möbelpacker aus und waren gerade dabei, einen Tresor in ihren VW-Bus zu schleppen. Doch dieses gewichtige „Möbelstück“ schien ihre Kräfte zu übersteigen. Sie baten den Mann um Hilfe. Acht Arme sind schließlich kräftiger als sechs.
Mit dem Vorwand, nur schnell seine Arbeitshandschuhe holen zu wollen, eilte der Mann in seine Wohnung und informierte die Polizei über diese Nacht-und-Nebel-Aktion. Bei aller Hilfsbereitschaft mutet eine Übersiedelung zu dieser Uhrzeit doch seltsam an. Wir waren derselben Meinung und fuhren mit Blaulicht los. Kurz vor der anvisierten Örtlichkeit schalteten wir das Blaulicht aus und näherten uns im Schritttempo.
Und tatsächlich: Wir erblickten drei Männer, die mit letzter Kraft einen ca. 140 Kilo schweren Tresor in ihren VW-Bus

bugsieren wollten. Eine Seite des Tresors war auf der Stoßstange des Autos abgestellt. Die Männer warteten sichtlich auf Verstärkung – auf nicht-uniformierte, wohlgemerkt. Als sie uns sahen, hielt sich ihre Begeisterung in Grenzen. Einer der Männer rief uns sofort entgegen: „Chef, wir übersiedeln!" Gut, dachte ich mir, man soll ja nicht vorschnell urteilen. Auch wenn die Wahrscheinlichkeit äußerst gering ist, dass es sich bei dieser Aktion wirklich um eine Übersiedelung handelt, muss man zumindest geneigt sein, dem Bürger Glauben zu schenken. Doch kaum war dieser Satz zu Ende gedacht, begann einer der „Möbelpacker" wie von der Tarantel gestochen zu laufen. Mein Kollege heftete sich ihm sofort an die Fersen. Nun war eindeutig Schluss mit lustig. Ich nahm eine Anhaltung vor und forderte die beiden Männer auf, sich unverzüglich auf den Boden zu legen. Aber nur einer von ihnen machte Anstalten der Aufforderung Folge zu leisten. Der andere konnte sich einfach nicht von „seinem" Tresor trennen. Er hielt das enorm schwere „Möbelstück" nun ganz allein. Sein Kopf wurde rot und röter, bis schlussendlich die Gesetze der Schwerkraft siegten und der Tresor schnurstracks auf seinen linken Fuß fiel. Vor Schmerzen hüpfte er wie verrückt am rechten Bein im Kreis. Dann ließ er sich auf den Boden fallen und krümmte sich schmerzverzerrt auf dem Gehsteig.

Währenddessen kniete sein Komplize am Asphalt und weigerte sich meiner Aufforderung, sich auf den Boden zu legen, nachzukommen. Der Mann hatte Sorge um seine Jacke, die im Zuge dessen womöglich schmutzig werden könnte. Für dieses Argument konnte ich aber leider kein Verständnis aufbringen. Knapp bevor meine Geduld am Ende war, traf die Verstärkung ein. Meine Kollegen zeigten auch wenig Engagement, dem Wunsch nach einer sauberen Leder-

jacke nachzukommen. So wurden die Männer mit Handschellen versehen und in den Streifenwagen verfrachtet.
In der Zwischenzeit konnte auch der flüchtende Komplize von meinem Kollegen dingfest gemacht werden. Ihm ging einige Häuserblöcke entfernt letztendlich die Luft aus. Tresorschleppen und Langstreckenlauf war einfach zu viel.
Nun begannen wir am Revier mit dem Verhör. Während zuvor noch die makellose Reinheit der Jacke Sorge Nr. 1 des einen Mannes war, offerierte er uns nun ein ganz anderes Problem. Er sei in Wahrheit ein argloser Passant, der rein zufällig in diese Sache hineingeraten wäre. Die beiden Männer hätten ihn angesprochen und um Hilfe gebeten. Und da er nun einmal kein Unmensch sei, hätte er den beiden kurz entschlossen beim Tragen geholfen. Als sich in weiterer Folge allerdings herausstellte, dass alle drei Herren „zufällig" auch denselben Nachnamen hatten, war der Fall klar. Drei Brüder mit ein und demselben Beruf: Tresoreinbrecher. Sozusagen ein „klassischer" Familienbetrieb.
Die Panzerknacker-Brüder hatten doppeltes Pech: Nicht genug damit, dass sie auf frischer Tat ertappt wurden. Auch hätte sich ihre Beute keinesfalls gelohnt. Als die Männer im zweiten Stockwerk des Hauses in die Räumlichkeiten eines Reisebüros einbrachen, fanden sie zwei Tresore vor: einen großen und einen kleinen. Die Gier ist bekanntlich ein Hund, und man entschied sich einstimmig für das größere Exemplar. Was allerdings in zweifacher Hinsicht eine falsche Entscheidung war. Zum einen deshalb, weil sich das Geld nicht im großen, sondern im kleinen Tresor befand. Zum anderen hätte der kleinere, knapp 80 Kilo schwere Tresor wohl weniger schmerzhafte blaue Zehen verursacht. So aber ging man hinter Gitter wegen eines Tresors, der lediglich mit einem Berg Akten gefüllt war.

Markus Schiffer
Gruppeninspektor

Landespolizeikommando Tirol
Organisation und Einsatzabteilung
Stadtleitstelle Innsbruck

Frau Stefanie

Frau Stefanie ist in der Küche und bereitet das Abendessen für sich und ihren Lebensgefährten Peter zu. Sie lebt seit Jahren mit ihm zusammen. Ihr Mann ist im Zweiten Weltkrieg gefallen. Zumindest vermutet sie es, da er seit Kriegsende in Russland als verschollen gilt.
Die Lebensgemeinschaft mit Peter war ursprünglich eine Zweckgemeinschaft. Beide waren allein und auf der Suche. Peter hatte eine kleine Wohnung in Innsbruck, im Stadtteil Pradl, und suchte eine Haushaltshilfe. Frau Stefanie hielt Ausschau nach einer Unterkunft, da sie die große Wohnung allein nicht mehr erhalten konnte. Peter vermietete ihr ein Zimmer und mit der Zeit wurde aus dem Mietverhältnis ein eheähnliches.
Sie können sich beide nicht mehr genau daran erinnern, wann die Grenze zwischen Mieter und Vermieter verschwamm. Aber eines Tages gingen sie zusammen essen, anschließend tanzen, und …
Heiraten wollten sie beide nicht. Lieber einfach das Geld sparen, um sich möglicherweise einmal einen kurzen Urlaub zu gönnen. Nächstes Jahr vielleicht. Kinder waren nie ein Thema. Nur als sie jung war, wünschte sich Frau Stefanie drei bis vier

Kinder. Vielleicht lag es ja an ihr, dass es einfach nicht sein sollte.

Als das Essen fertig ist, ruft Frau Stefanie ihren Lebensgefährten. Nachdem dieser nicht erscheint, geht sie nachsehen und findet Peter vor der Badezimmertüre. Er sitzt am Boden. Sie spricht ihn an. Er reagiert nicht. Sie traut sich nicht, ihn zu schütteln, um ihn aufzuwecken. Die Haltung von Peter ist eigenartig aufrecht. Es muss Hilfe her.

Frau Stefanie zieht ihre Schuhe und den Wintermantel an, den ihr Peter vor einigen Jahren geschenkt hatte. Sie macht sich auf den Weg zur Polizeiinspektion, die nur fünf Minuten von ihrer Wohnung entfernt ist. Telefon haben Peter und Stefanie nicht, denn das wäre einfach zu teuer gewesen. Peter bezeichnete ein solches Gerät immer als Luxus. Die Nachbarin hat zwar eines, aber man will ja niemanden belästigen.

Als sie bei der Polizeistation ankommt, herrscht gerade ein Riesenwirbel. Zwei Parteien haben eine lautstarke Auseinandersetzung und der diensthabende Beamte hat alle Hände voll zu tun, die Situation zu beruhigen. Frau Stefanie setzt sich unbemerkt auf die Bank beim Fenster und wartet, bis sie an der Reihe ist. Auch als in der Zwischenzeit die Funkstreifenbesatzung hereinkommt, verhält sich Frau Stefanie still, da sie sich nicht traut, die forschen jungen Beamten anzusprechen. Sie wartet, bis die beiden Streitparteien besänftigt sind und die Inspektion verlassen.

Nun geht der diensthabende Beamte in den Kommandantenraum und bespricht die vorherige Amtshandlung mit seinem Chef. Man hört beide lachen. Von den forschen jungen Beamten werden auch noch „Geschichten von Einsätzen" zum Besten gegeben. So vergehen wieder Minuten. Und Frau Stefanie wartet, eingehüllt in ihren Wintermantel.

Ihr Vater hat sie Respekt gegenüber Vertretern des Staates gelehrt. Also wartet sie, bis sie angesprochen wird. Der diensthabende Polizist, ebenfalls ein junger Beamter, kommt wieder in den Parteienraum. Er beachtet Frau Stefanie nicht. Er setzt sich an die Schreibmaschine und tippt eine Anzeige. Irgendeine Verkehrsanzeige.
Frau Stefanie hüstelt leicht, aber der Beamte reagiert vorerst nicht. Wieder dieses Hüsteln – erst jetzt blickt er auf. „Was wollen S'?", die recht harsche Anrede. Frau Stefanie weiß nicht so recht, wie sie anfangen soll und drückt herum. „Ich hab' Sie gefragt, was Sie wollen?"
Frau Stefanie nimmt ihren ganzen Mut zusammen, schluckt und sagt: „Ich glaube, mein Lebensgefährte hat sich erhängt!"
Der Polizist wird blass, ruft nach der Streifenbesatzung und schildert den Kollegen den Sachverhalt. Den jungen forschen Beamten vergeht das Lachen und sie ersuchen Frau Stefanie, gemeinsam mit ihnen zu ihrer Wohnadresse zu fahren.
An der Wohnadresse angelangt, treffen zeitgleich Notarzt und Rettung ein. Frau Stefanie wird zur Seite – in die Küche – geschoben. Schließlich brauchen Notarzt und Polizei Platz. Peter wird von der Türschnalle herunter geschnitten. Er hat sich mit einer Wäscheleine an der Badezimmertür erhängt. Der Notarzt beginnt mit Wiederbelebungsversuchen.
Frau Stefanie sitzt allein in der Küche. Sie hat immer noch ihren Wintermantel an. Keiner kümmert sich um sie. Das Essen steht noch auf dem Tisch und ist sicherlich schon kalt geworden. Die jungen forschen Polizisten plärren in den Funk, um beschäftigt und wichtig zu wirken. Die Sanitäter helfen dem Notarzt, so gut es geht.
Schließlich, nach einer halben Stunde, gibt der Notarzt schweißgebadet auf.

Er datiert Peters Tod mit 19.45 Uhr. Und gibt zu bedenken, dass er den Mann hätte retten können, wäre er nur um 15 Minuten früher hier gewesen.
Frau Stefanie sitzt in der Küche in ihrem Wintermantel und hat alles mitgehört. Sie schluckt. Sie macht sich Vorwürfe, warum sie nicht in der Polizeiinspektion sofort um Hilfe gerufen hatte. Warum hat sie bei der Nachbarin nicht das Telefon benützt?
Ganz kurz flackert es in ihr auf. Sie gibt den Polizisten die Schuld. Diese hätten einfach früher auf sie reagieren sollen. Aber die Obrigkeit wird schon Recht haben. So wurde ihr es immerhin von ihrem Vater beigebracht.
Die jungen Polizisten sind überfordert. Es gibt keine Familienangehörigen oder Bekannten. Nur Peter. Schweigend warten sie auf das Eintreffen der polizeilichen Untersuchungskommission. Frau Stefanie sitzt noch immer in der Küche, als die Kommission eintrifft.
Die Fragen der Kriminalbeamten kann sie nicht beantworten: „Gab es Anzeichen für einen Selbstmordversuch?" „Hat sich der Lebensgefährte in letzter Zeit merkwürdig verhalten?" „Hatte er eine Freundin?" „Haben Sie einen Abschiedsbrief gefunden?"
Peter wird mit einem Bestattungswagen in die Gerichtsmedizin gebracht.
Niemand informiert Frau Stefanie, wo sie Hilfe bekommen könnte. Niemand unterrichtet sie über die weitere Vorgangsweise. Niemand sagt ihr, wie sie ihren Peter beerdigen lassen kann. Frau Stefanie wird von den Polizisten, Kriminalbeamten und Polizeijuristen einfach nicht beachtet, so unscheinbar und erstaunlich gefasst wie sie ist.
Frau Stefanie sitzt in der Küche. Ganz allein. Sie zieht den

Wintermantel – den ihr Peter vor einigen Jahren geschenkt hatte – fester um sich. Die Polizisten und Rettungssanitäter sind alle fort. Sie sucht ein Taschentuch in ihrem Mantel und beginnt ganz leise zu weinen, damit die Nachbarin nichts mitbekommt.

Bettina Bogner
Chefinspektorin

Leiterin der Kriminalpolizeilichen
Untersuchungsstelle
Landeskriminalamt Wien

Der Name des Vaters

Ich meldete mich freiwillig. Der Einsatzort war Gjakova, eine Stadt im Südwesten des Kosovo. Der Krieg war erst vor wenigen Tagen beendet worden. Zur Zahl der Opfer gab es bis dato widersprüchliche Angaben. Nun war das UN-Kriegsverbrechertribunal am Wort. Internationale Teams wurden mit der Aufgabe betraut, an verschiedenen Kriegsschauplätzen abzuklären, unter welchen Umständen die Menschen im Kosovo ums Leben gekommen sind. Auch Krieg kennt Gesetze. Übertretungen werden geahndet. Wie beispielsweise die gezielte Tötung von Zivilisten. Ein Verstoß gegen das Völkerrecht, ein Kriegsverbrechen.
Von Gjakova wusste man, dass derlei Übergriffe stattgefunden hatten. Häuser von Zivilisten wurden mitten in der Nacht gestürmt, Menschen ermordet, die Tatorte danach angezündet und in Schutt und Asche gelegt. Nun galt es, die Tatorte aufzuarbeiten, die Leichen zu exhumieren. Schon deshalb kein einfaches Unterfangen, weil die Grabstätten der Toten oft nur über Hinweise durch die Bevölkerung zu eruieren waren. Mitunter existierten Skizzen, die vage Zuordnungen zwischen dem Haus des Ermordeten und dessen letzter Ruhestätte zuließen. Des Weiteren gab es Namenslisten der Toten, die

allerdings nach phonetischen Kriterien verfasst wurden. Der schriftliche Umgang mit Sprache war vielen dieser Menschen fremd. Von einer korrekten Schreibweise der Namen konnte man nicht ausgehen.

Dennoch waren diese Skizzen und Listen ein wichtiger Anhaltspunkt. Wir arbeiteten einen Hinweis nach dem anderen ab. Gingen von Haus zu Haus und sicherten die Spuren der Gewaltexzesse. Im Zuge dieser Tätigkeit gab es stets jede Menge Schaulustiger. Das Interesse der Bevölkerung zur Klärung der Lage war verständlicherweise groß. Da sich erfahrungsgemäß immer auch Kinder unter den Zaungästen befanden, hatten wir vorsorglich Süßigkeiten parat. Ein allzeit willkommenes und bewährtes Mittel der Ablenkung.

Als wir eben wieder in einem Haus mit unseren Nachforschungen beschäftigt waren, fielen mir zwei Kinder auf. Ein etwa 7-jähriges Mädchen und ein kleinerer Bub. Sie beobachteten uns bereits seit gut einer Stunde mit allerhöchstem Interesse. Ich bat einen Kollegen, sie mit Süßigkeiten zu versorgen, um sie auf andere Gedanken zu bringen. Doch kurz darauf kam der Kollege unverrichteter Dinge mit den Naschereien wieder zurück. Er war sichtlich irritiert. Ich fragte ihn, was los sei.

„Das Mädchen nimmt keine Süßigkeiten!"

„Warum?"

„Sie kann sie nicht nehmen, weil ihre Mutter jetzt allein ist. Ihr Vater ist tot. Wenn sie schlechte Zähne bekommt, könne ihre Mutter das nicht bezahlen."

Diese für ein kleines Kind viel zu erwachsen klingende Antwort machte mich stutzig. Ich ging zu dem Mädchen und fragte sie nach ihrem Namen. Sie konnte gut Deutsch, weil ihr Vater offensichtlich in Deutschland gearbeitet hatte. Sie

erzählte mir, dass ihr Vater eines Nachts in ihrem Haus ermordet wurde. Nun wollte sie wissen, was wir hier tun.
Als ich ihr mitteilte, dass wir vom UN-Kriegsverbrechertribunal gebeten wurden, die Vorfälle, die hier passierten, genau zu untersuchen, wurde das Mädchen ganz hektisch und aufgeregt. Sie erkundigte sich, woher wir die Adressen der Häuser kennen würden. Als sie von der Liste erfuhr, wollte sie diese sofort sehen. Sie suchte nach dem Namen ihres Vaters. Gemeinsam gingen wir die Liste mehrmals durch. Doch der Name ihres Vaters schien nicht auf. Das Mädchen war in Tränen aufgelöst und zutiefst erschüttert.
Nun versuchten wir es auf andere Weise. Da man sich auf die korrekte Schreibweise nicht verlassen konnte, gingen wir Namen für Namen noch einmal durch. Diesmal überlegten wir, wie man die zu Papier gebrachten Buchstaben eventuell noch aussprechen könnte. Fassten alle nur denkbaren Varianten der Aussprache ins Auge. Auf diesem Weg stießen wir letztendlich auf den Namen ihres Vaters. Auch die Adresse stimmte mit der lautmalerischen Version des Namens überein. Das Mädchen war überglücklich. Tränen flossen, diesmal allerdings nicht aus Kummer, sondern vor Freude. Noch heute fällt es mir schwer, diesen bewegenden Moment in adäquate Worte zu fassen.
Natürlich änderte das nichts an der Tatsache, dass ihr Vater ermordet wurde. Dass er viel zu früh aus dem Leben schied. Aber das Mädchen war zutiefst dankbar, dass sich jemand mit dem Vorfall befasste. Dass der Tod ihres Vaters nicht einfach Schulter zuckend zur Kenntnis genommen wurde. Dass sich jemand für das Schicksal ihrer Familie interessierte, dass objektiv Daten und Fakten gesammelt wurden. Vielleicht die einzige Methode, um Wunden, die durch Kriege aufgerissen

wurden, zu heilen. Um Schmerz zu lindern. Oder dies zumindest zu versuchen.
In diesem Moment erübrigten sich für mich auch all jene Fragen, mit denen man im Rahmen dieser Nachforschungen immer wieder konfrontiert ist. Haben solche Ermittlungen überhaupt Sinn? Kann das Kriegsverbrechertribunal in Den Haag überhaupt etwas bewirken? Werden etwaige Täter in weiterer Folge überhaupt zur Rechenschaft gezogen? Gibt es adäquate Konsequenzen? Steht diese mühselige Arbeit letztendlich dafür?
Sie steht dafür. Das wurde mir in diesem Augenblick klar.

Philipp Frank
Revierinspektor

Landespolizeikommando Wien
Stadtpolizeikommando Favoriten
Polizeiinspektion Keplergasse

Hinter meinem Rücken

Ich war allein unterwegs. Es war weit nach Mitternacht, die Straßen nahezu menschenleer. Fußstreife in Wien Favoriten. Normalerweise gehen wir immer zu zweit, aber aufgrund des geringen Personalstands war dies zum damaligen Zeitpunkt in unserem Wachzimmer einfach nicht möglich. Eben als ich eine routinemäßige Kontaktaufnahme in einem Lokal machen wollte, hörte ich via Funk, dass es einen Notruf gab. „Streit zwischen zwei Männern wegen Spielschulden." Zufällig stand ich direkt vor dem Haus, wo die Auseinandersetzung stattfand. Also übernahm ich den Einsatz.

In der Wohnung angelangt, war überraschenderweise alles ruhig. Beide Männer waren zwar alkoholisiert, aber die Stimmung schien sich in der Zwischenzeit entspannt zu haben. Das einzige offenkundige Problem war, dass der Wohnungsbesitzer, der auch die Polizei zu Hilfe gerufen hatte, den anderen Mann nicht dazu bewegen konnte, nach Hause zu gehen. Geduldiges Zureden war angesagt. Nach einiger Zeit war der Mann immerhin schon im Stiegenhaus, aber die Diskussionen gingen weiter. Erschwerend kam hinzu, dass der Wohnungsbesitzer nun ebenfalls auf stur schaltete und sich weigerte, seine Eingangstür abzuschließen. Ich musste also den

im Stiegenhaus verharrenden Mann dazu bringen, das Haus zu verlassen. Andernfalls war neuerlicher Streit vorprogrammiert. Wieder war geduldiges Zureden gefragt. Kurz vor zwei Uhr früh waren wir endlich vor der Haustür.
Während der ganzen Aktion verhielt sich der Mann gefasst und freundlich. Nun zeigte er sich ebenfalls kooperativ und hatte auch keine Anzeige oder andere Konsequenzen zu befürchten. Im Grunde war der Fall erledigt. Dennoch wollte ich auf Nummer sicher gehen und vermeiden, dass der Mann womöglich gleich wieder ins Haus beziehungsweise in die Wohnung des anderen Mannes eindringt. Also schlug ich ihm vor, mit mir ins Gasthaus zu gehen, wo ich noch mein ursprüngliches Anliegen, nämlich besagte Kontaktaufnahme, zu erledigen hatte. Gesagt getan. Alles verlief friedlich und ich gab in der Notrufzentrale Bescheid, dass keine Verstärkung notwendig sei. Beim Verlassen des Lokals wechselten wir ein paar freundliche Worte. Danach verabschiedeten wir uns voneinander und überquerten noch gemeinsam die Fahrbahn.
Dass sich im Zuge dessen der Mann ein paar Schritte zurückfallen ließ, nahm ich zwar zur Kenntnis, schenkte diesem Verhalten aber keinerlei Bedeutung. Was sollte schon passieren? Schließlich verhielt sich der Mann die gesamte Zeit über gänzlich unauffällig. Von aufgestauter Aggression war nichts mehr zu spüren. Doch hinter meinem Rücken war der Entschluss bereits gefasst: Völlig unerwartet attackierte mich der Mann. Ich konnte den Schmerz nicht genau orten, hatte aber das Gefühl, dass der Mann wie verrückt auf meinen Rücken einschlug. Blitzschnell drehte ich mich um und versuchte, den Mann von mir wegzustoßen, der nun Anstalten machte, mich mit beiden Händen am Hals zu würgen.
Was in diesem Moment alles durch meinen Kopf schoss, kann

ich nicht mehr genau sagen. Ich weiß nur, dass ich völlig schockiert war. Wie konnte das passieren? Eben hatten wir doch noch ganz normal miteinander geredet?
Nach mehreren Versuchen gelang es mir, den Angreifer von mir wegzustoßen. Um einer Rangelei zu entgehen, drehte ich mich um, und wollte ein paar Schritte davon laufen. In diesem Moment spürte ich einen stechenden Schmerz im Nackenbereich und sackte sofort zu Boden. Der Angreifer stürzte sich auf mich. Ich mobilisierte alle Kräfte, um mich loszureißen. Als ich wieder auf den Beinen war, bemerkte ich, dass Blut pulsierend aus meinem Nacken quoll. Das Klappmesser in Händen des Angreifers sah ich aufgrund der Finsternis erst jetzt. Ich lief ein paar Schritte davon, aber der Angreifer folgte mir mit gezücktem Messer. Im Zuge dessen stolperte und stürzte ich. Mein Funkgerät fiel aus der Brusttasche und rutschte außer Reichweite. Der Angreifer kam näher und näher. Ich raffte mich auf und lief noch etwa 50 Meter weiter. Bei der ersten Querstraße blieb ich stehen und blickte mich um. Ich sah, dass der Angreifer mir immer noch mit offenem Messer folgte.
Ich hatte Angst, aufgrund des Blutverlustes das Bewusstsein zu verlieren, und nahm mit der rechten Hand die Pistole in Anschlag. Mit der linken Hand versuchte ich die Blutung im Nacken zu stillen. Da der Angreifer immer noch unbeeindruckt auf mich zukam, gab ich zwei Schüsse ab. Plötzlich wandte sich der Angreifer ab, entfernte sich etwa zwanzig Schritte und brach zusammen.
Ich wusste nicht, ob meine Schüsse den Angreifer verletzt hatten oder ob er nur simulierte. Ich ließ den Mann keinen Moment aus den Augen. Als er sich nicht bewegte, versuchte ich mich so zu positionieren, dass man mich – falls ich das

Bewusstsein verlieren sollte – besser sehen konnte. Ich schleppte mich vom schlecht beleuchteten Gehsteig hinter ein parkendes Auto auf die Fahrbahn. Ich lag am Rücken mit Blickrichtung zum Täter. Mit der linken Hand stillte ich nach wie vor die blutende Wunde, rechts von mir lag griffbereit die Pistole. Da ich mein Funkgerät auf der Flucht verloren hatte, rief ich mit meinem privaten Handy den Notruf und forderte Verstärkung.

Erst jetzt bemerkte ich einige Passanten, die scheinbar den Vorfall aus sicherer Entfernung beobachtet hatten. Einer von ihnen, ein Taxifahrer, eilte zu mir, wich aber entsetzt zurück, als er sah, dass sich um meinen Kopf herum bereits eine Blutlache gebildet hatte. Ich wies ihn an, mir seine Autoapotheke zu bringen. Er war so geschockt, dass er mir das Verbandzeug zwar brachte, die Erstversorgung allerdings in meiner Verantwortung lag.

Zum Glück trafen nach kürzester Zeit meine Kollegen sowie Rettung und Notarzt ein. Aufgrund des starken Blutverlustes begann ich am ganzen Körper zu zittern. Nach professioneller Erstversorgung wurden mir Schmerzmittel sowie eine Kochsalzlösung verabreicht, um den Blutverlust auszugleichen. Danach wurde der Täter erstversorgt und in einem bewachten Rettungswagen ins Unfallkrankenhaus Meidling gebracht. Er hatte einen Handstreifschuss und einen Oberschenkeldurchschuss erlitten.

In der Zwischenzeit hatte ich meine Familie informiert, dass sie sich um mich keine Sorgen zu machen brauchten. Danach brachte mich die Rettung schnellstmöglich ins AKH. Ich musste zahlreiche Untersuchungen über mich ergehen lassen, bis man über den Grad der Verletzungen konkret im Bilde war: Meine Nackenmuskulatur war komplett durchtrennt.

Des Weiteren hatte ich vier Messereinstiche im Hals von jeweils acht Zentimeter Tiefe. Was ich im Moment der Tat als Würgen ortete, waren in Wahrheit Messerstiche. Eine der Stichwunden verlief genau zwischen Halsschlagader und Luftröhre. Es war Glück im Unglück, dass weder Halsschlagader noch Luftröhre verletzt wurden. Zwischenzeitlich wurde ich von Kollegen von der Kriminalabteilung über den Tathergang befragt.
Nach quälenden Stunden der Ungewissheit wurde ich schließlich in der Früh operiert. Meine Familie, die mittlerweile auch von der Dienstbehörde verständigt wurde, war ebenfalls in der Klinik eingetroffen. Die Operation verlief ohne Komplikationen. Nach einer Woche Krankenhausaufenthalt durfte ich das Spital verlassen. Danach war ich ein halbes Jahr im Krankenstand beziehungsweise auf Rehabilitation. An dieser Stelle möchte ich meinen herzlichen Dank an alle beteiligten Menschen aussprechen, die mir in dieser Situation so professionell geholfen haben.
Seither versehe ich wieder Dienst nach Vorschrift. Anfänglich zugegebenermaßen mit einem etwas mulmigen Gefühl. Alles, was sich hinter meinem Rücken abspielte, ortete ich als potenzielle Gefahr. Aber mittlerweile ist diese Angst einer noch größeren Achtsamkeit gewichen. Ich habe aus diesem Vorfall gelernt, dass die gefährlichsten Situationen jene sind, die sozusagen ohne Vorwarnung passieren. Wird man zu einem Einsatz gerufen, wo von Anbeginn klar ist, dass es zu einer heiklen Situation kommen kann, sind alle Sinne bis zum Abschluss der Amtshandlung geschärft. Aber in diesem Fall hat im Grunde nie eine wahrnehmbare Gefahr bestanden. Die Stimmung war entspannt, die abschließende Unterhaltung nett, die Verabschiedung ohne spürbaren Groll.

Warum der Mann mich rücklings mit dem Messer attackierte, argumentierte er – vermutlich in Rücksprache mit seinem Verteidiger – mit einem „Black-out". Er wurde wegen Mordversuchs zu elf Jahren Haft verurteilt.
Mich persönlich überraschte, dass ich den Täter bei der Gerichtsverhandlung nicht wieder erkannt hätte. Vermutlich lag es an dessen gepflegterem Äußeren und an der Zeitspanne, die zwischen Tat und Urteilsspruch lag. Was allerdings sowieso nichts mehr zur Sache tut. Denn vergessen werde ich diesen 18. Jänner ohnedies nie. Dafür sorgen nicht zuletzt die Schmerzen im Nackenbereich, die mich Tag für Tag an diesen Nachtdienst erinnern.

Epilog:

Es war damals übrigens das erste Mal, dass ich Gebrauch von meiner Dienstwaffe machen musste. Wie immer in derlei Fällen wurde ein standardmäßiges Verfahren eingeleitet, um zu untersuchen, ob mein Waffengebrauch auch gerechtfertigt war. Da mich der Täter attackiert hatte und ich in Notwehr die beiden Schüsse abgab, war der Sachverhalt eindeutig. Es gab keinen Zweifel daran, dass mein Gebrauch der Dienstwaffe notwendig war.
Dennoch möchte ich in diesem Zusammenhang folgendes Gedankenexperiment vornehmen: Wie hätte die mediale Öffentlichkeit reagiert, wenn sich der Vorfall in einem wesentlichen Detail anders abgespielt hätte? Gesetzt den Fall, ich hätte das Messer in den Händen des Täters früher gesehen, also ehe er mich attackieren konnte. Was wäre geschehen, wenn ich Zeit gehabt hätte, mich zu verteidigen? Wie wäre die Auseinandersetzung verlaufen, wenn

ich angesichts der lebensbedrohlichen Situation schon früher meine Dienstwaffe gezogen hätte?
Fest steht nur, dass nach solchen Ausnahmesituationen stets eine Lawine an Fragen losbricht: War das wirklich notwendig? Der Mann hatte zwar ein Messer in der Hand, aber wollte er wirklich zustechen? Schließlich hatte er bis zu diesem Zeitpunkt keine Vorstrafen. Wieso hätte er also so etwas tun sollen?
In meinem Fall bin ich zwar von all den Fragen, nicht aber vom Täter verschont geblieben. Ich weiß, dass er zugestochen hat. Ich weiß, dass er mich töten wollte. Und ich weiß, dass er bis dato als unbescholten galt.

Markus Schiffer
Gruppeninspektor

Landespolizeikommando Tirol
Organisation und Einsatzabteilung
Stadtleitstelle Innsbruck

Das Lächeln der Tochter

Gerhard freut sich auf den Abend. Es ist Weihnachten! Noch eine Stunde Dienst im Streifenwagen. Dann ist es endlich soweit! Heuer kann er zum ersten Mal mit seiner Frau und seiner kleinen Tochter – die im Juli geboren wurde – Weihnachten feiern. Weihnachten zu dritt! Wie sehr haben er und seine Frau dieses Fest herbeigesehnt. Als seine Tochter geboren wurde, war Gerhard der glücklichste Mann auf Gottes Erdboden. Ganz klar: Das schönste Weihnachtsgeschenk werden heuer die strahlenden Augen seiner Tochter und seiner Frau sein.

Ursprünglich wollte Gerhard seinen Überstundendienst am 24. Dezember abgeben. Doch dann wurde eine Kollegin krank, und er musste kurzfristig für den Tagdienst einspringen. Überstundengeld kann man schließlich als junger Familienvater immer gebrauchen.

Gerhard ist mit seinem älteren Kollegen Martin – er geht nächstes Jahr in Pension – auf Funkstreife. Martin kann Gerhards Unruhe kaum noch ertragen. Ständig diese Fragen: „Wie spät?“ und: „Wie lang noch?“ Da fällt Martin eine Entscheidung: „Gerhard! Weißt’ was? Ich fahr’ jetzt ins Wachzimmer! Mit dir ist es heute nicht mehr auszuhalten. Ich lege ein gutes Wort beim Chef für dich ein, dann kannst du vielleicht früher nach Hause. Außerdem ist seit zwei Stunden ohnedies nichts mehr los. Die eine Stunde werden wir auch noch über die Runde bringen."

Gesagt, getan. Auf ins Wachzimmer! Der Chef – eine miesepetrige Figur, der seit seiner Scheidung vor zwei Jahren den ganzen Frust seines Daseins seine „untergebenen" Kollegen spüren lässt – ist erstaunlich gut aufgelegt. „Mein Sohn hat angerufen! Ich soll morgen zu seiner Familie kommen und mit ihnen gemeinsam Weihnachten nachfeiern!", posaunt er durch die Dienststelle. Martin nützt die Gunst des Augenblicks und fragt den Chef, ob Gerhard heute früher abtreten dürfte. Schließlich wäre es doch ein ganz besonderes Fest für ihn und seine Familie. Der Chef lässt sich überreden.

„Okay, Gerhard! Du darfst früher gehen. Aber warte noch auf Emil, damit er den Funkwagen für dich besetzen kann, falls etwas sein sollte."

Überglücklich läuft Gerhard in die Garderobe. Er ist bereits umgezogen, als Emil die Inspektion betritt. „Der Chef lässt mich früher gehen! Wir feiern heute zum ersten Mal zu dritt Weihnachten. Du sollst für mich den Streifendienst mit Martin übernehmen. Aber es ist ohnehin nichts los. Danke Dir! Und schöne Grüße an deine Frau und vor allem schöne Weihnachten!"

Gerhard fährt nach Hause. Ständig muss er den Fuß vom Gaspedal nehmen, schließlich will er gesund daheim ankommen. Es ist viel Verkehr. Endlich hat er es geschafft. Seine Frau erwartet ihn bereits. Sie hält die kleine Tochter im Arm, haucht ihm einen Kuss auf die Lippen und flüstert: „Sie ist gerade eingeschlafen. Ich werde sie ins Bett legen, damit wir in Ruhe die letzten Vorbereitungen treffen können."

Beide sind ziemlich aufgeregt und hektisch. Gar nicht so einfach bei all der Vorfreude den Christbaum halbwegs lautlos aufzuputzen. Die Kleine erwacht und fängt an zu schreien. Gerhard nimmt sie liebevoll in den Arm und bringt sie ins Wohnzimmer, wo seine Frau unter dem hell erleuchteten Christbaum wartet – ihre Augen strahlen. Als die Tochter die vielen Lichter bemerkt, sind die Tränen sofort vergessen und sie lächelt.

Überglücklich umarmen sich die Eltern. Ein lang gehegter Wunsch geht endlich in Erfüllung. Für Gerhard und seine Frau wurde es das schönste Weihnachtsfest.

Am nächsten Morgen begibt sich Gerhard wieder auf seine Dienststelle. Er ist noch ganz beseelt vom gestrigen Abend. Nie wird er das strahlende Gesicht seiner Frau vergessen. Nie jenes seiner Tochter.

Doch als er das Wachzimmer betritt, ist alle Freude im Keim erstickt. Sofort bemerkt er die niedergeschlagene Stimmung. Der Chef steht käsebleich vor seinem Schreibtisch. Die anderen Dienstkollegen stieren wortlos an die Wände oder aus dem Fenster. Der Kaffee am Tisch ist bereits kalt geworden. Im Aschenbecher liegen halbfertig gerauchte Zigarettenstummel. Gerhard fragt den Chef, was los ist, aber er bekommt keine Antwort. Er geht zu seinem heutigen Funkstreifenpartner und will endlich wissen, was passiert ist. Andreas sagt: „Hast du nicht Radio gehört? Die Meldung kam bereits die ganze Nacht!"

Gerhard hat nicht die leiseste Ahnung, was geschehen sein könnte.

„Gestern Abend, kurz nachdem du weg warst, mussten Martin und Emil gegen 18 Uhr zu einem Familienstreit ausrücken. Ein Mann hatte seine Frau geschlagen. Nichts Außergewöhn-

liches. Das kennt man ja. Emil war der Erste in der Wohnung. Er wollte den Vater von der Familie trennen. Plötzlich zog der Mann ein Messer und stach mehrmals auf Emil ein. Martin konnte den Tobenden noch überwältigen, aber für Emil kam jede Hilfe zu spät. Er ist noch in der Wohnung verblutet."
Gerhard wendet sich ab – nicht einmal das Lächeln seiner Tochter kann ihn jetzt noch aus seiner Verzweiflung retten …

Norbert Janitsch
Oberstleutnant

Landeskriminalamt Burgenland
Eisenstadt

Der Boxerschnürstiefel-Blues in Rot

Prolog

Erinnern Sie sich an das geplatzte Joe Cocker Konzert im Jahr 1984? Als 15.000 zahlende Fans in der Wiener Stadthalle vergeblich auf den Rockstar warteten? Was die Sache noch brisanter machte: Sein Manager hatte die Auftrittsgage kurz zuvor dennoch eingestreift. Ein Skandal, über den in den Medien ausführlich berichtet wurde.

Ich war zum damaligen Zeitpunkt bereits seit einigen Jahren ein im Gruppendienst eingeteilter Kriminalbeamter am Schmelzer Bezirkspolizeikommissariat, in dessen örtlichen Wirkungsbereich auch die Wiener Stadthalle fiel. Somit war ich vor Ort, als gegen Joe Cocker in einem Wiener Hotel ein Haftbefehl ausgesprochen wurde. Wie gesagt: Das Medieninteresse war enorm, und ohne dass ich das vorab je in Betracht gezogen hätte, geschweige denn wollte, wurde ich Seite an Seite mit Joe Cocker abgelichtet. Doch damit nicht genug: Am nächsten Tag prangte just jenes Pressefoto großformatig vom Titelblatt einer österreichischen Tageszeitung. Dies hatte zur Folge, dass ich innerhalb meines Freundes- und Bekanntenkreises bis zum heutigen Tage immer wieder auf dieses

Ereignis angesprochen und mit Fragen konfrontiert werde. Und es kam, wie es irgendwann einmal kommen musste: Eine immer wieder erwachende Muse in mir erteilte mir eines Tages den definitiven Auftrag, mich mit der „Geschichte" noch einmal näher auseinanderzusetzen und sie auf „meine Weise" erneut und Ergebnis bringend zu reflektieren.

„Good Morning Mister Cocker! My name is Norbert Janitsch, I am a criminal investigator and I have to arrest you. Please put on your clothes, take cigarettes, passport and some money with you and come with us, immediately", sagte ich zu Joe Cocker, während ich ihm mit ausgestreckter Hand meine Dienstkokarde unter die Nase hielt.
Joe Cocker war eben noch im Bett gelegen, zeigte sich aber sichtlich bemüht, meinen Anweisungen reaktiv zu folgen, auch wenn ihm dies nur sehr eingeschränkt gelang. Er wirkte ebenso lethargisch, als befände er sich inmitten der medikamentösen Vorbereitung auf einen unmittelbar bevorstehenden chirurgischen Eingriff. Die Raumluft war gesättigt von einem gasförmigen Gemenge aus Schweiß, erkaltetem Zigarettenrauch, Dosenbier und diesem ganz bestimmten „Spirit", der ebenso ungebändigt wie unentwegt aus Joe Cocker entwich. Was selbst für meine damals bereits schwerst vorbestrafte Nase ein Wahrnehmungserlebnis der „besonderen Art" darstellte und die gesamte Atmosphäre seiner Hotelsuite zu einer eindrucksvollen, unbeschreiblichen Metapher des Blues verwandelte. Es war letztlich wohl meiner streng gebügelten Stoffhose und dem erbarmungslosen Erbsengrün meines Sakkos von *Texhages* zu verdanken, dass mir in Vollziehung meiner polizeilichen Zwangausübung selbst unter diesen außergewöhnlichen Rahmenbedingungen tatsächlich auch

noch jene amtliche Glaubwürdigkeit bei Joe Cocker zuteil wurde, die im Zuge eines derartig hoheitlichen Vollstreckungsaktes wohl unverzichtbar war.
Obwohl ein Fluchtversuch in diesem Fall mit an Sicherheit grenzender Wahrscheinlichkeit nicht zu befürchten war, hatte mein Kollege das getan, was er in solchen Situationen vorsorglich immer getan und zudem auch am besten gekonnt hatte: nämlich seine beeindruckende Biomasse einfach in den Rahmen der Eingangstüre gestemmt. „So hundertfufzig wern's schon sein", lautete seit drei Jahren, die ich meinen Kollegen nunmehr näher kannte, seine stereotype Antwort auf alle Fragen nach seinem tatsächlichen Körpergewicht, unabhängig davon, von wem diese Frage gestellt wurde. Kurzum: Mein Kollege stemmte sich in einer Weise in den Türrahmen, als wäre er von dort nie wieder – wirklich nie wieder – weg zu bekommen. Also nicht einmal dann, und das hatte bei meinem Kollegen wahrlich etwas zu bedeuten, wenn in dem Fünf-Sterne-Hotel, in dem wir uns gerade befanden, aus allen Ecken zu einer Buffeteröffnung nach ihm gerufen würde.
Joe Cocker sprach kein Wort, als er halbnackt, also nur mit Unterhose und Socken bekleidet, auf der Bettkante saß und die herumliegenden, teilweise ineinander verstrickten Kleidungsstücke misstrauisch in prüfenden Augenschein nahm. Dann erhob er sich langsam und setzte in Zeitlupentempo zu einem bedächtigen Rundgang durch seine Hotelsuite an. Kleidungsstück für Kleidungsstück, welches anzuziehen er nach reiflicher Überlegung selektiv entschieden hatte, wurde nach und nach über seinen angewinkelten linken Unterarm geworfen. Als er alles, was er für seinen Abgang zu brauchen vermeinte, aufgelesen hatte, setzte er sich wieder auf die Bettkante.

Währenddessen dämpfte ich gerade meine erste Zigarette aus. Ärgerlich, dass ich mir bei diesem feinmotorischen Fingerspiel in dem mit angerußten Zigarettenstummeln völlig überfüllten Aschenbecher wieder einmal hässlich schwarze Fingernägel am linken Ring- und Zeigefinger geholt hatte. Es war völlig still im Raum, niemand sprach ein Wort. Höfliches, aber bestimmtes Warten, von mir und meinem noch immer regungslos im Türrahmen stehenden Kollegen, bis Joe Cocker die frischen Socken und seine Jeans angezogen und endlich auch seine Rumpfkleider übergestreift hatte. Da ich mich damals noch in einem lernfähigen Beamtenalter befand, dämpfte ich die nächste abgerauchte Zigarette nicht mehr in jenem überfüllten Aschenbecher aus, der am Nachttisch stand, sondern ließ den glimmenden Stummel nunmehr durch den Trinkschlitz in eine der unzählig herumstehenden leeren *Beck's*-Bierdosen hineingleiten. „Zsst".
Plötzlich herrschte mit einer nicht zu überbietenden psychologischen Hinterhältigkeit so etwas wie ein Es-ist-so-weit-Eindruck. Mit einem Mal war ein Zeichen des Aufbruchs entstanden, das sich im Gesicht meines Kollegen unmissverständlich widerzuspiegeln schien. Seine bis dahin stoische Mimik verriet erstmals eine winzige Regung der Freude und Entspannung, als fast gleichzeitig mit dem Zischen des in der Bierdose erlöschenden Glimmstängels sein fest angespannter Musculus gluteus maximus schlagartig wieder in seine herunterhängende Ursprungsform zurück erschlaffte. Ich konnte dieses körperliche Entspannungsphänomen an der typischen Veränderung des Faltenwurfs seiner zerschlissenen zeltartigen grauen Stoffhose, die er ganzjährig trug, unmissverständlich erkennen.
Wie gesagt: Alles deutete auf den nahen Schlussakt unserer

„Sudden-Mission“, nämlich der Eskortierung des festgenommenen und vollständig bekleideten Joe Cocker hin. Man macht sich kaum eine Vorstellung, mit welch nahezu kindlicher Freude das Gesicht meines Kollegen nunmehr erfüllt war, als davon ausgegangen werden durfte, dass wir schon in absehbarer Zeit und komplikationsfrei wieder am Frühstückstisch sitzen durften, den wir mittlerweile vor gut ein Dreiviertel Stunden fluchtartig verlassen mussten, um die Vollstreckung der gerichtlich angeordneten Joe-Cocker-Festnahme in Angriff zu nehmen. Ein junger, aufstrebender Polizeijurist wollte es so. Denn normalerweise waren wir während unseres supervisionären Frühstückszeremoniells, welches einer interaktiven Gruppentherapie mit Genussmittelaufnahme glich, für überhaupt keine Aufträge „empfänglich“ und wenn, dann schon gar nicht für solche, die „sowieso nicht davonlaufen“ würden; was sich – auf die Person des Joe Cocker bezogen – als „prognostischer Volltreffer“ herausstellen sollte.
Um den Hausfrieden nicht zu sehr zu strapazieren, machten wir also eine „Ausnahme“, hatten unser Frühstück abrupt abgebrochen und waren sofort losgefahren, während sich mein Kollege im Gehen noch rasch seinen Mund mit Mehlspeisen voll stopfte. Und nun war es also vermutlich wieder so weit, dass er berechtigte Hoffnung schöpfen durfte, nachträglich doch noch einige weitere Stücke von dem sensationellen Mohnkuchen meiner Mutter, den ich eigens aus dem Burgenland mitgebracht hatte, zu ergattern. Der Restbestand desselben klebte übrigens beim Hochfahren ins erste Hotelstockwerk immer noch wie pechschwarze Spachtelmasse in seinen Zahnzwischenräumen und verlieh der engen Aufzugkabine die Note eines erntereifen Mohnfeldes. Dass wir überhaupt mit dem überladenen Aufzug emporfahren konnten,

hatten wir wiederum einem japanischen Hotelgast zu verdanken, der den mit etwa sechs Personen gefüllten Aufzug blitzartig als „überlastet“ einstufte und unaufgefordert und mit der Opferbereitschaft eines japanischen Kampfpiloten verließ. Heute noch bekomme ich ein schlechtes Gewissen, wenn ich mich an diesen zierlichen Mann mit seiner tollen, um den Hals gehängten Spiegelreflexkamera und seinem herzzerreißenden Demutslächeln beim Verlassen des Fahrstuhls erinnere.
Aber zurück zur Hotelsuite wo wir – wider Erwarten – doch wieder alles andere als „startklar“ waren. Denn nun konnte Joe Cocker seine Schuhe nicht finden. Und zwar deshalb, weil er dem Anschein nach keine dabei hatte! Bis heute ist es ein ungelöstes Kriminalrätsel geblieben, ob – und wenn ja – mit welchen Schuhen er seine Suite zuletzt betreten hatte. Doch plötzlich öffnete er den Kasten, stellte sich auf seine Zehenspitzen und zog, wie von fremder Hand gesteuert, aus dem obersten Regal eine weiße Schachtel hervor und warf diese auf die unberührte Hälfte seines sonst völlig zerknautschten Himmelbettes. Er klappte den Deckel hoch und zupfte mit nervösen Fingern das Seidenpapier heraus. Neugierig blickte ich ihm über die Schulter, als nahezu zeitgleich ein intensiver Ledergeruch in meine Nasenschleimhaut und eine blitzgrelle rote Farbe in meine unausgeschlafene Netzhaut einschlugen. Nagelneue knallrote Boxerschnürstiefel! Mit Ösen!
In den Schuhen steckten zwei original verpackte schneeweiße Schnürsenkel von jeweils 180 Zentimeter Länge! Als ich Joe Cockers kratzend brummende Kernaussage – „the only one I can find, just now“ – entschlüsselt hatte, wurde mir sofort klar, dass sich die Frage nach einem gebrauchten Paar Schuhe, vielleicht sogar nach einem Paar luftiger Slipper, an welcher ich gedanklich bereits eifrig herumkonstruierte, schon längst

erübrigt hatte. Joe Cocker wird nur mit diesen nagelneuen knallroten Boxerschnürstiefeln seine bluesige Suite verlassen, um den ihm bevorstehenden weiten und schwierigen Weg zu gehen. Und zwar mit eingezogenen Schnürsenkeln, versteht sich. Nachdem Joe Cocker, dem sicher manches, aber alles andere als Eitelkeit zu unterstellen ist, die Banderolen der beiden Schnürsenkel entfernt hatte, machte er sich beim ersten Boxerstiefel bedächtig daran, die Schuhbänder sorgfältig einzuziehen. Gezählte 18 Ösen links und 18 Ösen rechts. Angesichts des gemächlichen Cocker-Tempos musste man von 30 Sekunden pro Öse ausgehen. Zuzählen musste ich noch, dass dieselbe Prozedur ja dann auch noch mit dem anderen Schuh zu bewerkstelligen war. Als ich knapp vor Fertigstellung meiner Kalkulationsrechnung instinktiv zu meinem Kollegen hinüber sah, der trotz lethargischen Temperaments, in diesem Fall „leider" von blitzschneller Auffassungsgabe war, ahnte ich bereits Böses. Ich blickte in ein Gesicht, das sich in Sekundenbruchteilen von lukullischer Vorfreude auf Mutters Mohnkuchen in Eiseskälte verwandelte. Sein abfallendes Stimmungsbarometer wurde zudem unmissverständlich durch lautstarkes Räuspern sowie eine feuerrote Gesichtsfarbe unterstrichen, die seine dicke Hornbrillenfassung in die Nähe ihres thermoplastischen Grenzwertes zu erhitzen drohte. Von seinen zusammengezogenen Augenlidern, die einzig und allein seine demonstrativ hoch gehaltene Rolex anvisierten, ganz zu schweigen.

All diese, mir nur zu gut bekannten Schwellenwerte befahlen mir, sofort irgendetwas zu unternehmen, um Joe Cocker seinen Aufenthalt im schönen Wien nicht als traumatisches Erlebnis ins Gedächtnis zu brennen. An dieser Stelle ist objektiv zu ergänzen, dass mein Kollege im Normalfall geradezu von teddybärhafter Gutmütigkeit durchdrungen war; jedoch in Situationen des nicht einstudierten Aggressionsabbaues sein Umfeld immer wieder mit sehr originellen Verhaltensmustern zu überraschen wusste. Dann konnte er sogar *auf*, in jedem Fall aber *vor* den Kopf stoßen.

Um die drohenden hormonellen Schüttorgien und biochemischen Kettenreaktionen im Körper meines Kollegen durch gezielte kognitive Ablenkung zu deeskalieren beziehungsweise zu unterbinden, war eindeutig Small Talk angesagt. „Did you enjoy Vienna?", schrie ich Joe Cocker an. Seine eher einsilbige Antwort klang in meinen Ohren extrem schlampig und undeutlich. Also machte ich mein ohnedies höchstens immer nur mit „genügend" bewertetes Oberstufenenglisch absichtlich „flotter" und ebenfalls ein wenig schlampiger, was sich für mich selbst dann auch noch „saucool" angehörte. Auf diese Art konnte ich glücklicherweise meinen Kollegen, der schon in der 6. oder 7. Oberstufenklasse seinen lernenden Lebensabschnitt jäh abgebrochen hatte, aus seinem emotionalen Ausnahmezustand herausholen und ihn für eine eingeschobene English-Lesson mit Joe Cocker gewinnen.

Währenddessen war es Joe Cocker nach einigen fehlgeschlagenen Versuchen gerade wieder gelungen, von der schwierigeren Seite, also von der Schuhinnenseite her, die Öse Nr. 9 der rechten Hälfte des linken Boxerschnürstiefels, mit dem plastikgehärteten Vorderteil der Schuhbänder erfolgreich zu penetrieren, um danach mit einer spastisch anmutenden Ausholbewegung seines rechten Armes das Schnürband in einem Zug durch die Öse zu ziehen. Dieses viel versprechende und sich regelmäßig wiederholende Erfolgserlebnis spendete meinem Kollegen nicht nur Trost und restlose Versöhnung mit Joe Cocker, sondern auch die Gewissheit, nicht auch noch das

Mittagessen auslassen zu müssen. Damit war die Lage endgültig bereinigt und ein freundlicher Abschluss der Amtshandlung in Sichtweite.
Joe Cocker zurrte bereits an den Schnürsenkeln, um seine beiden Ledermieder fest an seine Waden zu pressen, was angesichts seiner brieftaubenhaften Unterschenkel allerdings gar nicht so einfach war. Mit jedem Ruck an den Schnürbändern verringerte sich der Abstand zwischen den Ösen so bedrohlich, dass von der Stiefelzunge fast nichts mehr zu sehen war. Aber letztlich beendete eine flink und präzise gebundene doppelte Masche die Prozedur und wir konnten endlich von dannen schreiten. Und zwar ohne Handschellen beziehungsweise „without eights", wie ich Joe Cocker beim Verlassen der Hotelsuite noch „saucool" zuflüsterte. Ob er verstanden hatte, was ich damit meinte, weiß ich bis heute nicht. Nachdem ich aber nicht die leiseste Ahnung hatte, wie man das Wort „Handschellen" auf Englisch übersetzt, war ich gezwungen, mich der riskanten Hoffnung hinzugeben, dass die Symbolik der arithmetischen Zahl „Acht" auch im Branchenvokabular der britischen Polizei für „Handschellen" aufschien. Abrundend muss man allerdings hinzufügen, dass wir Joe Cocker selbst dann keine Handschellen angelegt hätten, wenn ich meine „Achter" zufällig einmal nicht im Büro vergessen hätte. Mein Kollege hatte in solchen Situationen immer schon auf dieses unnötige metallische Mehrgewicht verzichtet und sich sowieso viel lieber auf die dickfleischigen Greifzangen seiner kraftstrotzenden Hubarme verlassen.
Während mein Kollege – wie immer – voran ging, bildete ich die „Rückendeckung". Auf diese Weise komfortabel zwischen uns „eingeschlossen" stiefelte Joe Cocker in seinen festgeschnürten knallroten Boxerschuhen den schmalen Hotelgang

Richtung Aufzug entlang. Wohl wissend, dass sich seine nächste Herberge von jener, die wir hiermit endlich verlassen konnten, erheblich unterscheiden werde. Gleichzeitig nichts ahnend, dass schon unmittelbar nach der Hotelpforte die Blitzlichter der Presse-Paparazzi wie ein Trommelfeuer aus unzähligen Uppercuts, Jabs und Geraden auf ihn einprasseln würden – auf Joe Cocker, auf den Blues und auf seine nagelneuen, knallroten Boxerschnürstiefel.

Epilog:
Joe Cocker wurde am nächsten Tag gegen Kaution wieder aus der U-Haft entlassen. Bei der einige Monate später stattfindenen Gerichtsverhandlung wurde Joe Cocker (in Abwesenheit) vom Verdacht des schweren Betrugs frei gesprochen.

Johann Bednar
Kriminalabteilungsinspektor i.R.

Landespolizeikommando Niederösterreich
Schwechat

Das gefundene Baby

Es gibt Bilder im Kopf, die man nicht vergisst. Auch wenn sie mittlerweile gut 30 Jahre zurückliegen. Ich stand am Anfang meiner polizeilichen Laufbahn, hatte meine Ausbildung gerade ein Jahr hinter mir und war in Wien Margareten am Wachzimmer Spengergasse stationiert. Gemeinsam mit einem noch jüngeren Kollegen wurde ich auf die Menschheit losgelassen.

Wir schreiben den 4. Oktober 1976. Kollege Reinhard K. und ich fuhren den Funkwagen „Emil 1“ und „zottelten“ in der Gegend herum – auf der Suche nach zahlungskräftigen Verkehrssündern. Gegen 17.45 Uhr kam ein Funkspruch. Hausbewohner meldeten wimmernde Geräusche aus einer Mülltonne in der Mauthausgasse. Man vermutete, dass die Geräusche von einer Katze stammen könnten.

Armes Tier, also Blaulicht und Folgetonhorn! Wir quälten uns so schnell wie möglich durch den aufkommenden Abendverkehr und meldeten der Funkstelle unser Eintreffen. Einige Hausbewohner erwarteten uns schon im Hausflur und zeigten uns die „verdächtige“ Mülltonne. Es war kein Laut zu hören. Ich öffnete die Tonne und war innerlich gefasst, eine Katze vorzufinden. Aber auf den ersten Blick kam nichts außer Ab-

fall zum Vorschein. Ich kramte vorsichtig und fand unter dem Berg von Müll einen Nylonsack, der blutige Spuren aufwies. Ich nahm den Sack heraus, öffnete diesen und dann blieb mir tatsächlich die Spucke weg: In dem Sack lag ein Baby.
Ich weiß nicht mehr, was ich damals dachte, vermutlich war mein Hirn in dieser Sekunde nahezu blutleer. Das Baby war im ersten Augenblick als blutverschmiertes Bündel zu erkennen, das regungslos dalag. Ich nahm das Kind aus dem Nylonsack und schrie nach einer Decke. Niemand reagierte. Die Hausbewohner schienen vor Schreck wie versteinert. Mein Kollege verschwand eiligst aus dem Hausflur. Ich nehme an, er musste sich übergeben, was ihm nicht zu verdenken war. Ich schrie erneut nach einer Decke. Erst jetzt reagierte einer der Anwesenden.
Als die Decke gebracht wurde, breitete ich sie auf dem Boden aus und legte das Baby vorsichtig darauf. Das Kind gab kein Lebenszeichen von sich. Ich säuberte den kleinen Mund von Blutresten und begann mit Mund-zu-Mund-Beatmung und Herzmassage. Wie ich es gelernt habe. Mit drei Fingern drückte ich den kleinen Brustkorb auf und ab und beatmete das Kind. Mein Kollege verständigte in der Zwischenzeit über Funk den Rettungsdienst. Kurz darauf bekamen wir Nachricht, dass der Rettungswagen im Verkehr fest steckte.
Ich kann nicht abschätzen, wie lange ich beatmet und gedrückt habe – aber plötzlich begann das Baby zu schreien. Mir fiel kein Stein, sondern regelrecht ein Felsen vom Herzen. Während meiner Wiederbelebungsversuche hatte ich ständig Angst, dem Kind womöglich weh zu tun. In der Polizeischule lernt man diese lebensrettenden Techniken schließlich an einer Puppe und nicht an einem Neugeborenen.
Endlich war das „Trara“ der Rettung zu hören. Was für eine

Erleichterung! Ein echt super Ton, wie ich damals fand. Der Rettungsarzt übernahm das Baby. Erst jetzt wurde mir so richtig bewusst, was da geschehen war. Mein Kollege hatte immer noch eine Gesichtsfarbe wie ein Käselaib. Fairerweise muss ich gestehen, dass ich mein Gesicht in diesem Moment ja nicht sehen konnte. Mir kam in dieser Situation zugute, dass ich keine Scheu vor Blut habe. Die legt man ab, wenn man als Obduktionsassistent auf der Pathologie arbeitet. Eine Tätigkeit, die ich vor meiner Polizeilaufbahn sechs Jahre lang durchgeführt habe. Das war in dieser Situation sicherlich hilfreich. Nun trafen auch Kollegen von der Kripo ein. Kurz darauf wurde die Mutter des Neugeborenen ausgeforscht. Die Frau hatte sich wenige Stunden zuvor in ihrer Wohnung selbst entbunden und das Baby daraufhin in besagte Mülltonne geworfen.

Ein Sanitäter von der Rettung kam auf mich zu und säuberte mein blutverschmiertes Gesicht.

Danach fuhren wir zu unserem Wachzimmer, ich tippte die Meldung und hatte an diesem Tag nur noch einen Wunsch: Ab nach Hause, um den Vorfall erst einmal zu verdauen.

Johann Jäger
Oberst i.R.

Bezirksgendarmeriekommando Zell am See

Abgetanzt

Michael war seit Wochen in der Szene, schien gut drauf und besuchte eine Technoparty nach der anderen. Er fand das *megacool*, auch das Zeug, das hier fast jeder in sich einwarf.
Heute hatte er mehrere von diesen blassblauen und rosaroten Tabs eingenommen, war in Hochstimmung – eben voll auf Droge. Er war glücklich und hätte jeden der dreihundert Gäste umarmen können. Er hatte den Eindruck, alle hier seien seine Freunde. Michael tanzte an diesem Abend buchstäblich auf dem Vulkan. Aber die Euphorie hielt nicht an. Bereits um drei Uhr früh schlug das Grauen zu und bescherte ihm einen Horrortrip nach dem anderen.
Das Strychnin begann sein tödliches Geschäft. Michaels Blick trübte sich. Zunächst sah er alle Leute verschwommen, dann in doppelten Bildern, bald darauf gar nicht mehr. Muskelkrämpfe wechselten einander ab und aus jeder seiner Poren trat kalter Schweiß. Alles drehte sich; vorerst langsam, dann immer schneller. Schließlich wurde ihm hundeelend. Der Kreislauf brach zusammen. Zum Schrecken der anderen Gäste stürzte er wie ein gefällter Baum auf die Tanzfläche. Er hechelte nach Luft, litt unbändigen Durst, konnte sich aber nicht mehr verständigen, wenngleich er wohl noch vieles um

sich herum wahrnahm. In diesem Zustand hatte er den Eindruck, als beugten sich plötzlich mehrere Ungeheuer über ihn, die ihn mit Riesenmäulern zu verschlingen suchten. Michael hatte Todesängste. Immer wieder durchzuckten Krämpfe seinen Körper wie ein Blitz. Er ging durch die Hölle, hatte Panikattacken, übergab sich vorne und hinten, stank nach Urin und Kot. Dann verlor Michael das Bewusstsein.
Zwei Kumpel, mutmaßlich ebenfalls *high*, schleppten ihn zum Auto und brachten ihn nach Hause. Danach setzten sie sich – schwer schockiert – schleunigst wieder ab. Nur fort, fort war ihr Streben. Dem Grauen und dessen schrecklichen Folgen hatten sie noch nie so direkt ins Auge geblickt.
Ab nun nahm kein Gast mehr von diesem Ereignis Notiz. Alle waren mit sich selbst beschäftigt. Ein *Betriebsunfall*, wie er sich nächtens in der Szene des Öfteren ereignet. Nur Rolf hatte das Geschehen genau beobachtet und es dem Chef gemeldet. Der hatte Michael nämlich den Stoff verkauft.
Siegbert, der Chef, machte sich Sorgen. Nicht um Michael, der war ihm egal, sondern um sich selbst. Er befahl, dass niemand von dem Vorfall etwas wissen dürfe. Wie es zum Zusammenbruch des jungen Mannes gekommen sei, müsse allen ein Rätsel bleiben. Und er war sich sicher: Allein der Selbsterhaltungstrieb würde seine Mitwisser zum Schweigen bringen. Schließlich saßen sie alle gemeinsam im giftigen Boot.
„Ich werd' wohl reklamieren müssen. Schlimmstenfalls muss ich den Lieferanten wechseln. Unsaubere Ware verdirbt mein Geschäft", sagte Siegbert zu Rolf. „So etwas kann ich mir bei meinem guten Ruf nicht leisten." Er wusste sich auszurechnen, wo Menschen landeten, die mit Suchtgift dealten, andere dabei zu Tode brachten und schließlich aufflogen: mit Sicherheit im Gefängnis.

Währenddessen lag Michael hilflos in seinem Zimmer im Delirium. Mehrmals kam er noch zu sich, hatte Schaum vor dem Mund, starrte an die Decke, hatte den Eindruck, dass sich die Lampe drehte, rang nach Luft, übergab sich, machte neuerlich ins Bett und roch die eigenen Exkremente.
Sein einsames, armseliges Sterben dauerte eine gefühlte Ewigkeit. Am nächsten Morgen, als sein Mitbewohner nach Hause kam, war Michael tot, war abgetanzt von dieser Welt.
„Zell 2 von Zell!", hörte man es überall über Funk.
„Hier Zell 2!"
„Bedenklicher Todesfall. Ein junger Mann in Neudorf Nr. 3. Fahren Sie hin! Die Rettung ist bereits verständigt."
„Zell 2 verstanden … sind schon unterwegs."
Als die Streifenbeamten in Erfüllung ihres Auftrags am Tatort eintrafen, hatten Sprengelarzt und Rettung ihre Arbeit bereits erledigt. Für sie gab es in diesem Fall nicht viel zu tun. Der junge Mann gab kein Lebenszeichen mehr von sich und hatte nur mehr zehn Grad Körpertemperatur. Nun war die Gerichtsmedizin am Zug. Michael wurde zur Überstellung in die Prosektur in einem Blechsarg abtransportiert. Seine Leiche wurde zur Obduktion frei gegeben.
Die Polizisten versiegelten das Zimmer, fuhren zur Dienststelle, verfassten den ersten Bericht und stellten im Zuge dessen fest, dass der Mann bereits einmal einschlägig aufgefallen war. Erst kürzlich hatten Kollegen ihn wegen Drogenbesitzes zur Rede gestellt. Aus seinen Taschen waren fünf Gramm Crack zum Vorschein gekommen. Anschließend kam es aber nur zu einer Verwarnung, und Michael wurde wieder auf freien Fuß gesetzt.
Die Kollegen wussten, dass ein etwaiges Verfahren ohnedies wegen zu geringer Drogenmenge und Erstbesitzes eingestellt

worden wäre. Warum also der Papierkrieg? Aber die Anzeige lag unterschriftreif vor.

Drei Tage waren vergangen, als auf der Polizeiinspektion das Ergebnis der Gerichtsmedizin einlangte. Wie nicht anders zu erwarten war, hatte die Chemie zugeschlagen. Designerdrogen aus den Niederlanden kosteten Michael das Leben. Seine Taschen waren mit dem giftigen Zeug voll gestopft.

Eine Woche später konnten wir Michaels Kumpels ausforschen. Mangels Nachschubs wirkten die beiden Burschen wie halbtote Fliegen. Bereits bei der ersten Anhörung sangen sie laut und vernehmlich über Technopartys, Suchtgiftkonsum und ihre Lieferanten.

Birgit Wutzl
Revierinspektorin

Landesverkehrsabteilung Niederösterreich
Fachbereich 2.4.
St. Pölten

Alkolenker

Vor wenigen Tagen wurde die Alkoholobergrenze von 0,8 Promille auf 0,5 Promille gesenkt. Anlass waren zwei schwere Verkehrsunfälle, bei denen mehrere junge Menschen getötet wurden. Bei beiden Unfällen war Alkohol im Spiel.

Ein Kleinbus mit einer Basketballmannschaft kollidierte mit einem betrunkenen Autolenker in einem Baustellenbereich, mehrere Spieler starben. Im Burgenland wollte ein junges Mädchen mit ihrem Auto aus einer Parklücke ausparken, als sie von einem betrunkenen Führerscheinneuling regelrecht abgeschossen wurde und ums Leben kam.

Ein ganz normaler Nachtdienst auf der A4 in Niederösterreich. Es ist nicht viel Verkehr, der Alkomat im Heck auf Betriebstemperatur, das Radio düdelt vor sich hin, der Funk ist still. Thomas und ich bestreifen unseren Rayon.

Vor uns fährt ein PKW. Keine Auffälligkeiten.

Thomas: „Den schauen wir uns an." Klar, eine Routinekontrolle und gleich ein Alkotest hinterher, so wie wir es hunderte Male schon gemacht haben. Auf der nächsten Raststation halten wir den PKW an. Thomas führt die Amtshandlung, ich stehe als Sicherung neben ihm.

Die Szene wirkt gespenstisch. Auf dem Lenkerplatz sitzt ein

Mann mittleren Alters ganz in Schwarz gekleidet, neben ihm am Beifahrersitz ein älterer weißhaariger Herr, ebenfalls ganz in Schwarz.
Auf der Rückbank sitzt ein kleiner Bub – in Schwarz gekleidet – und ein Bobtail, der einzige Fahrzeuginsasse, der Weiß trägt und außerdem der einzige, der sich lautstark bemerkbar macht. Während der Hund die ganze Zeit bellt, geben die anderen keinen Laut von sich. Niemand versucht, den Hund zu beruhigen.
Thomas kontrolliert die Dokumente, fragt den Lenker, ob er Alkohol getrunken hat und fordert ihn, nachdem er die Frage verneint hatte, zu einem Alkotest auf. Der Lenker steigt wortlos aus dem Fahrzeug und geht mit uns zum Streifenwagen, um den Test durchzuführen. Der Hund bellt noch immer.
Der Alkotest ergibt 0,0 Promille. Thomas beendet die Amtshandlung und wünscht eine gute Fahrt. In diesem Moment steigt der Beifahrer aus, kommt zu unserem Fahrzeug und bedankt sich bei Thomas und mir für die Amtshandlung sowie für den durchgeführten Alkotest. „Wissen Sie, ich bin der Opa von dem Mädel, das im Burgenland gestorben ist, das sind ihr Papa und ihr Bruder, wir kommen gerade vom Begräbnis."
Schlagartig ist nicht nur der Hund verstummt.

Johann Schaffer jun.
Revierinspektor

Bundespolizeidirektion Wien
WEGA (Wiener Einsatzgruppe Alarmabteilung)

In der Schusslinie

Ich war der dritte Mann im Funkwagen. Es war mein erster Nachtdienst als Polizei-Aspirant. Ich saß im Fond des Streifenwagens und beobachtete meine Kollegen bei der Arbeit. So sieht es die Ausbildung vor. Nach der theoretischen Grundausbildung auf der Polizeischule, folgt ein halbes Jahr Praxis. Für drei Monate war ich einem Wachzimmer im 3. Wiener Gemeindebezirk zugeteilt. Es war 4 Uhr Früh, als per Anruf Anzeige wegen Lärmerregung erstattet wurde. Der Krach kam vermutlich aus einem Supermarkt. Auf dem Weg zum Einsatzort dachte ich mir noch: „Lärmerregung? Was soll da schon Großartiges passieren?"
Als wir beim Supermarkt eintrafen, war sofort klar, dass es sich um einen Einbruch handelte. Das Türschloss war aufgebrochen und von Innen verriegelt. Der oder die Täter befanden sich also im Supermarkt. Sofort wurde Verstärkung angefordert. Wenig später waren drei weitere Streifenwagen vor Ort. Ich befand mich gerade zur Außensicherung im Bereich des Hintereingangs, als ich einen Kollegen brüllen hörte: „Halt! Polizei!"
Ich sah von meiner Position aus weder den Kollegen noch den Täter. Bemerkte nur, dass alle Kollegen plötzlich in eine be-

stimmte Richtung zu laufen begannen, vermutlich um den oder die flüchtenden Täter zu verfolgen.
Ich rannte ebenfalls los. Kurz darauf fielen zwei Schüsse. Zu diesem Zeitpunkt konnte niemand abschätzen, wer geschossen hatte. Wir rannten, so schnell wir konnten, weiter. Da ich zum damaligen Zeitpunkt noch leistungssportmäßig Fußball spielte, war ich sehr austrainiert und überholte einen Kollegen nach dem anderen. Als die Schüsse fielen, zog ich – wie alle anderen Kollegen auch – die Pistole.
Nach etwa 700 Metern konnte ich für einen kurzen Moment zwei flüchtende Personen wahrnehmen. Zu diesem Zeitpunkt war nur noch ein einziger Kollege in Reichweite. Ich fragte ihn: „Wo sind die Männer?" Seine Antwort: „Die haben sich versteckt!" Wir suchten Meter für Meter ab. Es war eine kalte und stockdunkle Jännernacht. Plötzlich entdeckte ich die Typen. Sie versteckten sich hinter einem Thujenstrauch. Mit in Anschlag gebrachter Dienstwaffe forderte ich sie auf, aus dem Versteck zu kommen. Sie standen mit dem Rücken zu mir. Aufgrund der Thujenhecke sah ich allerdings nur ihre Köpfe, nicht ihre Körper. Konnte nicht abschätzen, was sie im Schilde führten.
Ich näherte mich auf knapp drei Meter. Währenddessen forderte ich die Männer immer wieder auf, sich zu ergeben. Plötzlich ergriff einer von ihnen erneut die Flucht. Nun war ich mit dem anderen Täter allein. Er hatte mir immer noch den Rücken zugewandt und reagierte auf keine Anweisung. Ich machte noch einen Schritt auf ihn zu. In diesem Moment drehte er sich blitzartig um und schoss mit seiner Faustfeuerwaffe zweimal in meine Richtung. Ich sah lediglich das Mündungsfeuer seiner Pistole und schoss instinktiv zurück. Im ersten Augenblick dachte ich, dass ich getroffen worden war.

Ich ging kurz in die Knie. War so vollgepumpt mit Adrenalin, dass ich nicht beurteilen konnte, ob ich verletzt war oder nicht. Ich wusste auch nicht, ob meine Schüsse den Täter getroffen hatten.
Jedenfalls war er in der Lage zu laufen und flüchtete durch einen Passagengang. Zwischenzeitlich war ein Kollege bei mir eingelangt und fragte mich, ob alles okay sei. Ich bejahte, griff nach meiner Pistole und lief dem Täter abermals hinterher. Ich war gerade am Eingang der Fußgängerpassage angelangt, als ich am anderen Ende einen Kollegen stehen sah. Er rief mir zu: „Steck die Pistole ein!"
Ich fragte: „Warum? Wo ist der Täter?"
„Steck die Pistole weg!"
„Ist der Täter gefasst?"
Nachdem ich keine Antwort bekam, lief ich zu dem Kollegen. Als ich auf seiner Höhe war, sah ich den Täter: Er lag tot am Boden. Ein Kopfschuss. Niemand konnte zu diesem Zeitpunkt abschätzen, von wem der Schuss erfolgte.
Ich sah meinen Kollegen an und war völlig fassungslos. Meine Empfindungen und Emotionen in dieser Situation kann ich auch heute nicht beschreiben. Ich war wie weggetreten. Den ersten klaren Gedanken, den ich fassen konnte, war die Frage: „Wie schreibe ich das? Wie bringe ich das zu Protokoll?"
Dass der andere flüchtige Täter mittlerweile gefasst wurde, erfuhr ich, als mir von Beamten der Tatortgruppe vor Ort meine Dienstwaffe und mein Einsatzgurt zur weiteren Überprüfung abgenommen wurden. Danach wurde ich aufs Kommissariat Juchgasse gebracht. All das nahm ich jedoch nur peripher wahr. Pausenlos ging mir der Gedanke durch den Kopf: Ich habe einen Menschen erschossen.
Nun waren die Kollegen vom Sicherheitsbüro am Zug. Sie

hatten zu rekonstruieren, wie der Mann zu Tode gekommen ist. Die Stunden, die diese Ermittlungen in Anspruch nahmen, fühlten sich wie eine Ewigkeit an. Um mich abzulenken, erzählte ich meinen Kollegen ständig, wie die Amtshandlung abgelaufen war. Dass zuerst auf mich zwei Schüsse abgefeuert wurden. Dass meine Schüsse nur eine Reaktion auf diese lebensbedrohliche Situation waren. Dass die Situation in Sekundenbruchteilen eskalierte. Immer und immer wieder schilderte ich den Tathergang. Bis endlich das Ergebnis des Sicherheitsbüros eintraf: Der Mann hatte sich selbst gerichtet. Mein Schuss verletzte nur seine Hand.

Nach dieser Mitteilung konnte ich mich wieder halbwegs beruhigen und einigermaßen klare Gedanken fassen. Was war de facto passiert? Im Zuge des Schusswechsels traf ich die linke Hand des Täters, mit der er seine Waffe führte. Sein Mittelhandknochen war zerschossen und die Finger der Schusshand somit steif. Ein Tausendguldenschuss. Anschließend lief der Täter durch den zuvor erwähnten Passagengang, wo zeitgleich ein Streifenwagen eintraf. Der Flüchtende zielte mit seiner Waffe auf den Funkwagen, konnte aufgrund seiner Verletzung aber keinen Schuss abgeben. Der Kollege hechtete aus dem Streifenwagen und brachte sich hinter einem parkenden Auto in Deckung. Wenig später war lediglich ein dumpfes Geräusch zu vernehmen, danach Stille.

Kurz darauf kam der Kollege aus seiner Deckung hervor, um nachzusehen, was geschehen war. Wenige Schritte von ihm entfernt, lag der Täter tot auf der Straße. Die Nachforschungen der Tatortspezialisten ergaben, dass er die Pistole an seine linke Kopfseite angesetzt und mit der rechten Hand abgedrückt hatte. Daher war auch kein Schuss hörbar, sondern nur ein dumpfes Geräusch. Nicht zuletzt deshalb lag zuerst die

Annahme nahe, dass einer meiner Schüsse den Mann getötet hätte.
Glücklicherweise war dies aber nicht der Fall. Auch heute – knapp zehn Jahre nach diesem Vorfall – kann ich nicht abschätzen, wie ich mit dieser Situation fertig geworden wäre, wenn die Sache anders ausgegangen wäre. Im Nachhinein erfuhr ich auch, dass jener Streifenwagen, der letztlich den Täter beim Passagenausgang abpasste, an mir vorbeifuhr, als es zum Schusswechsel kam. Dass ich den Kollegen absolut nicht registrierte, lag daran, dass meine ganze Aufmerksamkeit zu hundert Prozent auf den Täter gerichtet war. Ich hatte, wie man im Polizeijargon sagt, den Tunnelblick, nahm rund um mich herum nichts mehr wahr. Hatte nur den Täter vor Augen und im Visier.
Bei seinem Verhör gab der Komplize dann auch die Gründe für die Selbstjustiz des Täters bekannt. Der Mann war Bosnier mit einschlägigem Strafregister. Er hatte bereits einen Gefängnisaufenthalt in seiner Heimat hinter sich und wollte diese Erfahrung kein zweites Mal machen. Bevor die Männer in den Supermarkt einbrachen, ließ er seinen jüngeren Komplizen wissen: „Sollte die Polizei kommen, dann gibt es eine Schießerei."
Wenn ich heute an diesen ersten Nachtdienst meines Lebens zurückdenke, kommen immer noch sehr gemischte Gefühle in mir hoch. Aus heutiger Sicht weiß ich, dass ich aufgrund meiner Unerfahrenheit einige Grundsätze der Eigensicherung außer Acht gelassen hatte. Ich hatte Glück, dass mich die Schüsse des Täters nicht trafen. Gleichzeitig war dies allerdings auch eine Extremsituation, die mein Gespür für mögliche Gefahrenkonstellationen ein für alle Mal geschärft hat. Ich hatte die Erfahrung gemacht, dass ein im Normalfall harmlos

verlaufender Einsatz zu einer Auseinandersetzung auf Leben und Tod eskalieren kann. Man weiß im Grunde nie, was auf einen zukommt. Ein Streit kann in eine Geiselnahme münden, eine Verkehrskontrolle in eine Messerstecherei, ein Einsatz wegen Lärmerregung in eine Schießerei. Man muss in diesem Beruf immer den schlimmsten Fall, die gefährlichste Alternative in Erwägung ziehen. Wenn man so denkt, dann kann man vor allem auch als Polizist gut leben.

Wilfried Schuster
Gruppeninspektor a. D.

Landespolizeikommando Wien
Wachzimmer am Platz
(Schönbrunn / Hietzinger Tor)

Eigentlich ist gar nichts passiert

Nachtdienst an einem Montag. Üblicherweise sind gerade diese nach den turbulenteren Wochenenden eher ruhiger. Weniger Einsätze sind zu erwarten, die in der Regel auch unspektakulärer ablaufen. Noch ahnte ich nicht, dass just dieser Tag für mich sehr schicksalhaft werden sollte. Als ich gegen 22.00 Uhr mit meinem Kollegen den Funkwagen „Martha 2" bestieg, war ich völlig gelassen. Hatte ich doch ein langes Wochenende mit meiner Familie hinter mir. Eines der wenigen, das Polizisten und Polizistinnen ohne Unterbrechung mit ihrer Familie verbringen können.

„Martha 1, Martha 2, Martha 3, fahren Sie in die Hagenberggasse … Ein Einbruch in ein Einfamilienhaus, Täter anwesend!" Diese, durch den Funkverkehr notgedrungen knappe Anweisung kann viel oder gar nichts bedeuten. Denn es passiert nicht selten, dass es sich bei den vermeintlichen Tätern in Wahrheit um die Hausbesitzer handelt, die sich aus Versehen ausgesperrt haben. Eigentümer gehen zumeist nicht sonderlich vorsichtig ans Werk beim Versuch, in ihre eigenen vier Wände „einzudringen". Dementsprechend oft werden sie bei dieser Aktion von Nachbarn oder Passanten bemerkt.

In unserem Fall handelte es sich bei der anvisierten Örtlichkeit um eine typische Vorortsiedlung am Rande des Wienerwaldes. Häuser und Häuschen, aber auch Villen, die allesamt mit Gärten umgeben und von schmalen Gassen umsäumt sind. Hinter den Häuserzeilen öffnet sich ein weitläufiges, unverbautes Gebiet, das in den Wienerwald mündet.

Nun sickern auch schon nähere Informationen durch. Der Anruf in der Funkzentrale erfolgte von einem Nachbarn, dem bekannt war, dass sich die Hausbesitzer auf Urlaub befanden. Bei einem Blick aus dem Fenster konnte er im Schein einer Taschenlampe drei Gestalten erkennen. Er zog die richtigen Schlüsse und reagierte korrekt: Polizei anrufen und unauffällig weiter beobachten.

Kurz darauf traf Streifenwagen um Streifenwagen ein. Auch Fahrzeuge aus den Nachbarbezirken waren von der Funkstelle beordert worden. Rasch hatten wir das Gebiet an den wesentlichen Punkten umstellt. Nach einigen Minuten meldete eine Funkwagenbesatzung die Festnahme eines Täters nur drei Grundstücke vom Tatort entfernt. Die Chancen, auch die beiden anderen Täter zu fassen, lagen also gut. Ein Funkwagen informierte die Anrainer, sie mögen in den Häusern bleiben und keinesfalls jemandem öffnen. Wir – die Polizei – durchstreiften die Gärten.

Und so begannen wir Garten für Garten abzusuchen. Ich betrat mit meinem Kollegen Hans T. und der jungen Kollegin Beatrix S. ein Grundstück, dessen Hintertüre unversperrt war. Aus Gründen der Eigensicherung ging die Kollegin einige Schritte hinter uns. Plötzlich krachte ein Schuss aus der Richtung des Hauses. Das Projektil drang irgendwo zwischen mir und Hans in den Boden ein. Wie wir es gelernt hatten, suchten wir schlagartig eine geeignete Deckung. Meine nächste

Möglichkeit war ein Obstbaum, hinter den ich mich kauern konnte. Für Hans und Beatrix gab es geeignetere Alternativen. In diesem Moment wagte ich aber nicht, meine Stellung zu verändern.

Sofort wurden über Funk alle Kräfte zusammengezogen. Als Erstes galt es abzuklären, ob es sich nicht um einen irrtümlich abgegebenen Schuss eines Streifenbeamten handeln könnte. Aber das konnte ausgeschlossen werden. Als der Besitzer des Nachbargrundstücks mit mir Kontakt aufnahm, versuchte ich in Erfahrung zu bringen, ob es den Villenbesitzern auf „meinem" Grundstück gut ginge oder ob sich möglicherweise die Täter im Haus befanden. Ein Scheinwerferwagen und die WEGA (Wiener Einsatzgruppe Alarmabteilung) waren schon beordert und auf dem Weg zum Tatort. Doch knapp vor Eintreffen der Einsatzkräfte gab es Entwarnung. Nach und nach ließ sich über den Nachbarn in Erfahrung bringen, dass es der Villenbesitzer war, der den Schuss abgegeben hatte.

Nun waren Routinearbeiten angesagt. Es erfolgten die vorgeschriebenen Vorgangsweisen: Aufnahme der Daten des Schützen, Abnahme der Waffen, Ausstellung einer Bestätigung der Sicherstellung, Befragung über die Beweggründe der Tat etc. Der Schütze reagierte mit den Worten: „Was soll das ganze Theater? Es ist eigentlich gar nichts passiert." Wie immer in solchen Fällen funktionierte ich wie eine Maschine. Nur keinen Fehler machen, emotionslos alles Notwendige tun und festhalten. Nur nichts vergessen, auch auf Kleinigkeiten achten. Mittlerweile waren auch schon Presseleute von den Anrainern informiert worden, die mich vor Ort über die Ereignisse befragten.

Mein Zustand des „Keinen-Fehler-Machens" hielt noch an, als ich die Anzeige verfasste. Ich agierte „wie ferngesteuert" –

so jedenfalls beschrieb mein Kollege Hans diesen Zustand, auch Jahre später noch, wenn, selten aber doch, das Gespräch auf diese Ereignisse fiel. Selbst als mich damals meine Frau am Wachzimmer anrief, um sich zu erkundigen, weshalb ich mich heute nicht gemeldet hatte, blieb ich ruhig und erzählte nichts von den Vorkommnissen. Sie bemerkte zwar bereits am Telefon, dass ich entgegen meiner sonstigen Art eher bedrückt wirkte, aber um sie nicht zu beunruhigen, vertröstete ich sie auf den nächsten Morgen, an dem ich ihr alles erzählen würde. Mit dem Papierkram verging die halbe Nacht. Erst als ich gegen 4 Uhr früh wieder den Funkwagen bestieg, fiel der Zustand des „Nur-keinen-Fehler-Machens“ von mir ab. Ich bemerkte, wie sehr mich dieses Projektil zwar nicht am Körper, aber doch in der Seele getroffen hatte. „Ich habe ein sechsjähriges Kind, das fast zur Halbwaise geworden wäre. Eine junge Frau, die um Haaresbreite zur Witwe geworden wäre. Glücklicherweise ist es diesmal gut ausgegangen. Aber wer weiß, ob es beim nächsten Mal … “ Etwa in dieser Weise galoppierten die Gedanken durch meinen Kopf. Schweigend und gedankenversunken brachte ich die letzten drei Stunden bis zum Dienstende hinter mich. Dann hieß es: rasch nach Hause zu meiner geliebten Frau und meinem Augenstern, meinem Kind.

Als ich zu Hause ankam, stand meine Frau in der Küche und machte für uns Kaffee. „Was war denn heute Nacht los?“, war ihre erste Frage. Da lief mein Kind nackt um die Ecke: „Papschiii!!“ Und in diesem Moment konnte ich mich nicht mehr halten. Nie wieder hätte dieses unschuldige kleine Mädchen ihren Papa gesehen, nie wieder Vater und Mutter als Einheit in der Familie erlebt. Ja, ich heulte hemmungslos und erzählte alles meiner Frau. Dies, obwohl ich sonst, wohl um die Familie

„vor dem Dreck da draußen zu schützen“, nur äußerst selten von Einsätzen und damit verbundenen Ereignissen berichtete. Danach brachte meine Frau unser Kind in die Schule und ging anschließend in die Arbeit. Ich versuchte zu schlafen und die Erinnerungen zu verdrängen. Nichts ahnend, dass sich mittlerweile ein weiteres Drama ereignete. Davon erfuhr ich aber erst, als ich meine Tochter von der Schule abholte. Als sie mich sah, begann sie zu weinen und lief mir mit weit ausgebreiteten Armen entgegen. „Papa, Papa alle haben gesagt, dass du erschossen worden bist!“
Was war passiert? Die MitschülerInnen hatten meiner Tochter erzählt, dass in der Zeitung gestanden sei, ich wäre erschossen worden. Natürlich fehlt einem Kind der zeitliche Zusammenhang zwischen Drucklegung des Artikels und tatsächlichem Ereignis. Obwohl sie mich am Morgen gesehen hatte, hielt sie die Aussagen der Klassenkameraden für möglich. So trug sie den ganzen Tag die Last, dass ihr Vater erschossen worden sein könnte, mit sich. Vertraute sich niemandem an und jetzt brach alles aus diesem kleinen tapferen Mädchen heraus.
Dabei ist doch eigentlich „gar nichts passiert“.

Epilog:
Jahre später bemerkte ich, wie nicht nur dieses, sondern auch viele andere Ereignisse meine Seele verwundet haben. Trotz therapeutischer Hilfe kann und könnte ich den Polizeiberuf heute nicht mehr ausüben. Mein Kollege Hans hat dies leider nicht bemerkt und sich etwa 15 Jahre nach diesem Ereignis erschossen.

Johann Schaffer
Chefinspektor i.R.

Landeskriminalamt Wien
Referat zur Bekämpfung
von Kapitalverbrechen

Wohin Verzweiflung treibt

Wie findet man ein entführtes Baby? Wo beginnt man mit der Suche? Was kann man tun, um diese prekäre Situation so rasch wie möglich zu klären? Mit diesen Fragen waren wir Anfang der 1990er Jahre konfrontiert.

Zur Vorgeschichte: Via Fernschreiber erreichte uns die Nachricht, dass in einer Klinik in Bayern ein Neugeborenes aus der Geburtsstation entführt worden war. Aufgrund der Tatsache, dass es sich bei der Mutter um eine Wienerin handelte, wurden wir in den Fall miteinbezogen. Ich arbeitete zum damaligen Zeitpunkt in der Wiener Zentralstelle für Kriminalitätsbekämpfung.

Nun war Mithilfe aus der Bevölkerung gefragt. Über Printmedien und Radio machten wir einen Suchaufruf. Wer den Eindruck hatte, dass in seiner Nachbarschaft plötzlich ein Baby auftauchte, von dem zuvor nie die Rede war, sollte sich bei der Polizei melden. Und das Echo war gewaltig. Unzählige Anrufe erreichten uns, denen allesamt nachgegangen werden musste. Auch wenn man erfahrungsgemäß weiß, dass die meisten Hinweise ins Leere führen, muss jeder Tipp ernst genommen werden.

An dieser Stelle sei auch erwähnt, dass es sich bei derlei Anrufen nicht selten um bewusst gesetzte Bosheitsakte gegenüber unliebsamen Nachbarn beziehungsweise der Polizei handelt. Man macht sich nicht gerade beliebt, wenn man an einer Wohnungstür läutet und eine Mutter fragt, ob dies auch wirklich ihr eigenes Kind sei. Aber dies nur am Rande, zumal zweitrangig.

Im Vordergrund stand die vehemente Suche nach einem Neugeborenen, das aufgrund einer Sauggeburt am Hinterkopf einen Blutschwamm aufwies.

An den folgenden Tagen arbeiteten wir einen Hinweis nach dem anderen ab. Einmal mehr standen wir vor einer Wohnungstür, diesmal im 10. Wiener Gemeindebezirk. Uns öffnete eine junge Frau, die über unseren Besuch ebenso überrascht schien, wie die voran gegangenen Mütter. Auch sie beteuerte felsenfest, dass dies ihr eigenes Kind sei. Sofort war auch der fein säuberlich ausgefüllte Mutter-Kind-Pass zur Hand. Die Wohnung war in sehr ordentlichem Zustand und das Baby sichtlich in liebevollen Händen. Der kleine Bub lag zufrieden in seinem Bettchen und trug ein weißes Häubchen. Nichtsdestotrotz mussten wir auf Nummer sicher gehen. Ich bat die Dame, mir den Hinterkopf des Babys zu zeigen. Sie löste das Häubchen und tatsächlich: Ein roter Fleck kam zum Vorschein! Nun ersuchten wir die Frau mit uns mitzukommen. Sie war völlig erbost und willigte nur deshalb ein, weil ihr schließlich keine andere Wahl blieb. Als nächsten Schritt setzten wir uns mit dem Ehemann der Frau in Verbindung. Auch er reagierte erzürnt und beteuerte, dass seine Frau schwanger war und dies ihr gemeinsames Kind sei.

Nun nahmen wir uns den Mutter-Kind-Pass genauer unter die Lupe. Es stellte sich heraus, dass alle wesentlichen Eintragungen gefälscht waren. Der Verdacht verhärtete sich mehr

und mehr. Was sich nun im Inneren dieser Frau abgespielt haben muss, ist die eigentliche Tragik dieses Falles. Nach stundenlangem Verhör zeigte sich die Frau geständig und schilderte uns die Beweggründe für ihre Tat.
Was treibt nun einen Menschen dazu, ein Baby zu entführen? Im Falle dieser Frau spielten mehrere Faktoren eine tragende Rolle. Ihre erste Ehe ging deshalb in Brüche, weil es mit dem Kinderwunsch nie klappen wollte. Sie hatte einige Fehlgeburten zu verkraften und in weiterer Folge auch die Scheidung von ihrem Mann. Auch in ihrer nunmehr zweiten Ehe platzte die Hoffnung auf Nachwuchs Mal für Mal. Bis ihr Mann sie schlussendlich vor die Alternative stellte: Entweder du bekommst nun endlich ein Kind oder wir trennen uns.
Ab diesem Zeitpunkt gaukelte die Frau ihrem Gatten eine Schwangerschaft vor. Monat um Monat verging, als sie sich eines Tages ins Auto setzte und über die Westautobahn in Richtung Salzburg fuhr. Auf dem Weg klapperte sie in Amstetten, Linz und Wels sämtliche Geburtskliniken ab. Sie war auf der Suche nach einem Neugeborenen, das ihr den Eindruck vermittelte, dass es bei ihr besser aufgehoben wäre, als bei der leiblichen Mutter. Aber in besagten Kliniken wurde sie nicht fündig. Also setzte sie ihre Reise fort und landete letztendlich in der bayerischen Entbindungsstation in Neuperlach. Am Gang zur Geburtsstation stach ihr eine Frau ins Auge, die völlig erschöpft eine Zigarette rauchte. Die beiden Frauen kamen ins Gespräch. Es stellte sich heraus, dass die Frau kurz zuvor geboren hatte. Die junge Mutter wirkte alles andere als glücklich und vertraute sich spontan der fremden Frau an. Sie war mit ihrem Lebensgefährten hochschwanger nach Deutschland gefahren, als überraschend die Wehen einsetzten. Vor einigen Stunden wurde sie entbunden. Auf die Frage, ob es

nicht unverantwortlich sei, in der Stillperiode zu rauchen, meinte die Frau: „Ehrlich gesagt, bin ich mit der gesamten Situation nicht gerade glücklich. Es war nicht unbedingt ein Wunschkind."

Nachdem die Zigarette zu Ende geraucht und ausgedämpft war, ließ sich die Frau noch das Baby zeigen. Danach verabschiedeten sich die Frauen voneinander und die Kindesmutter zündete sich am Gang eine weitere Zigarette an. Als sie wieder ihr Zimmer aufsuchte, war das Bett des Neugeborenen leer. Ihr Kind war verschwunden. Die Frau, mit der sie eben noch gesprochen hatte, ebenfalls.

Was war geschehen? Die aus Wien angereiste Frau hatte einen unbeaufsichtigten Moment abgewartet, das Baby an sich genommen und eiligst die Heimreise angetreten. Unterwegs verständigte sie noch ihren Ehemann, dass es nun endlich mit dem Kinderwunsch geklappt hätte. Er möge sich nicht sorgen, sie wäre beim Besuch von Verwandten von den Wehen überrascht worden. Aber es sei alles gut gegangen, und sie käme heute noch nach Hause. Er möge doch bitte in der Zwischenzeit einen Kinderwagen besorgen.

Nun stellt sich nicht zuletzt aus der Sicht des Ehemannes natürlich die Frage, wie es prinzipiell möglich ist, eine vorgetäuschte Schwangerschaft bis zum – im wahrsten Sinn des Wortes – bitteren Ende zu glauben? So rätselhaft es auch klingen mag: Es war möglich. Der Mann war überzeugt, dass seine Frau ihm nun endlich ihr erstes gemeinsames Kind geschenkt hatte.

Mit dem Kartenhaus an Lügen brach nun auch die letzte Hoffnung der Frau zusammen. Das Baby wurde seiner leiblichen Mutter zurückgebracht. Was in weiterer Folge aus dem Kind geworden ist, entzieht sich meiner Kenntnis.

Für mich ist dieser Fall ein tragischer Beweis dafür, zu welchen Taten ein übergroßer Wunsch verleiten kann. Der Blick auf die Realität wird verschleiert, vor Augen nur die Angst, einen geliebten Menschen zu verlieren.

anonym
(Name dem Verlag bekannt)

Der kleine Tod

Als wir am Einsatzort eintrafen, hatte sich vor dem Haus bereits eine kleine Menschenmenge versammelt. Alle starrten auf ein ganz bestimmtes Fenster einer Wohnung im fünften Stock. Das Fenster war geöffnet. Vor wenigen Minuten soll hier eine Frau lauthals „Hilfe, Hilfe, ich sterbe!", geschrien haben. Einer der Passanten hatte per Notruf die Polizei verständigt. Nun hieß es, schnell handeln.

Da das Haustor verschlossen war, versuchten wir, uns über das angrenzende Nebenhaus Zutritt zu verschaffen. Ich ließ einen jungen Polizeischüler über die Hofmauer klettern, um nachzusehen, ob die Hoftür geöffnet war. Das war der Fall. Also folgte ich ihm. Beim Hinabspringen zerriss ich mir an der scharfkantigen Hofmauer die Hose. Doch das war in diesem Moment zweitrangig. Wichtig war einzig und allein, so schnell wie möglich in den fünften Stock zu gelangen. Wir rannten die Treppen empor. Völlig außer Atem klopfte ich an die Wohnungstür. Es öffnete ein spärlich bekleideter Mann, der sich gerade einen Bademantel überstreifte. Ich grüßte mit forscher Stimme und fragte:

„Was war los?"

„Nichts."

„Sind Sie sicher? Und wieso schaut's dann in Ihrer Wohnung so aus? Habt's gerauft?"
„Nein, wir haben nur Fotos angeschaut."
„Und die liegen dann alle wild verstreut am Boden herum?"
„Wo sollen die sonst herumliegen?"
Um die Diskussion in die richtige Richtung zu lenken, fragte ich:
„Wo ist die Dame des Hauses?"
„Da drinnen."
Der Mann deutete auf eine verschlossene Tür.
Ich klopfte an und betrat nach einem leisen „Herein" das Zimmer. Die Frau lag zugedeckt auf einer am Boden platzierten Matratze. Auch dieses Zimmer glich einem Schlachtfeld. Verstreute Fotos und Zeitungsausschnitte, wohin das Auge reichte.
Nun fragte ich auch sie, was vorhin los gewesen sei.
„Nichts."
„Wirklich nicht?"
„Sag' ich doch."
„Erzählen's keinen Schmäh! Umsonst schreien's nicht Hilfe, Hilfe, ich sterbe!"
In diesem Moment mischte sich wieder der Herr im Bademantel ins Gespräch: „Vom Sterben kann keine Red' sein, eher vom Gegenteil."
„Wenn das so ist, dann macht's beim nächsten Mal gefälligst das Fenster zu. Sollte ich noch einmal kommen müssen, wenn so herumgeschrien wird, zahlt's Strafe wegen Lärmerregung."
Abmahnung ausgesprochen. Amtshandlung erledigt. Freundlicherweise ließ uns der Mann im Bademantel abschließend noch beim Haustor hinaus und wir ersparten uns die Kletterpartie über die Hofmauer.

Auf der Straße befanden sich immer noch jede Menge Schaulustiger, die uns mit großen fragenden Augen anblickten. Um ihre Neugierde zu befriedigen, lautete mein lapidarer Kommentar: „Coitus interruptus."
Ganz so, als hätte eine der Anwesenden nur auf dieses Stichwort gewartet, lässt sie nun – spät, aber doch – die Katze aus dem Sack:
„Das ist jede Woche so. Immer am Mittwoch um neun schreit die Frau wie am Spieß."
Fazit: In Hinkunft allerdings wohl bei geschlossenem Fenster.

Franz Grubauer
Chefinspektor

Landespolizeidirektion Oberösterreich
Grenzpolizeiinsspektion Leopoldschlag

Drama an der Maltsch

Schlepperkriminalität ist weltweit organisiert und funktioniert stets nach demselben Schema: Menschen, die – aus welchen Gründen auch immer – ihre Heimat verlassen wollen, um in einem anderen Land ein neues Leben zu beginnen, haben an die jeweilige Schlepperorganisation vorab eine bestimmte Geldsumme zu entrichten. Daraufhin stellt der Schlepperring das „sichere" Ankommen im Zielland in Aussicht, wo man sich neue Perspektiven und höhere Verdienstmöglichkeiten erhofft. Illegale Emigration ist oft auch mit dem Wunsch verbunden, in Zukunft die Familie – die in der Heimat zurückgelassen wurde – finanziell unterstützen zu können. Erfolgt das Einschleusen der Menschen auf dem Luftweg, müssen zusätzlich noch gefälschte Reisedokumente beschafft werden. Menschenschmuggel via Landweg vollzieht sich zumeinst in Etappen. Oft kann es Monate dauern, bis das Zielland erreicht ist.

Ich bin Dienststellenleiter in der Grenzpolizeiinspektion Leopoldschlag im nördlichen Mühlviertel. Allein aufgrund unseres Standorts unmittelbar an der tschechischen Grenze ist Schlepperkriminalität ein brisantes Thema. Und mit der Zeit lernt man natürlich auch gewisse Strategien der jeweiligen

Schlepperbanden kennen. Handelt es sich beispielsweise um Schlepperei mit Asiaten – vorwiegend mit Chinesen – sind die in Tschechien ansässigen Verbindungsleute oft Vietnamesen, die ihr Dasein als Händler oder Marktlieferanten fristen. Ihre Aufgabe ist es, ortskundige Einheimische für Fußschleusungen anzuheuern. Die tschechischen Schlepper wohnen zumeist in der Grenzregion und sind somit bestens mit der Örtlichkeit vertraut.
Ein besonders tragischer und menschenverachtender Fall von Schlepperkriminalität datiert aus dem Jahr 1998 und wird mir wohl immer in Erinnerung bleiben.
Es ist Markttag in Kaplice, einer Grenzstadt in Tschechien, am linken Ufer der Maltsch gelegen. Der arbeitslose tschechische Staatsbürger J. B. wird von einem vietnamesischen Markthändler als Fußschlepper angeheuert. Für einige Stunden Arbeit wird ihm ein Honorar in Aussicht gestellt, das einem Monatslohn entspricht. Eine erste Anzahlung an den Schlepper wird bereits vor Ort geleistet.
Am 15. September wird J. B. um ca. 21 Uhr ein Auto übergeben, in dem sich vier Chinesen befinden – drei Männer und eine Frau. Zudem ein Handy, um ständigen Kontakt mit dem Auftraggeber zu halten. Vorerst läuft alles nach Plan: Der Schlepper fährt in Richtung österreichische Staatsgrenze, wo das Auto im Wald versteckt abgestellt wird. Für ca. 1.00 Uhr wird das Zusammentreffen mit einem weiteren Schlepperfahrzeug im Bereich der E55 festgelegt. Nähere Informationen sollen via Handy folgen. Man macht sich zu Fuß auf den Weg.
Die Nacht zum 16. September ist kalt, stürmisch und stockdunkel. Teilweise regnet es heftig. Angesichts der extremen Witterung verirrt sich der Schlepper und führt die vier Chinesen in ein Sumpfgebiet, das sich im Bereich der Maltsch be-

findet; jenem Fluss also, der die natürliche Grenze zwischen Österreich und Tschechien markiert.
Seit mittlerweile einer Stunde irrt der Schlepper nun schon orientierungslos mit den Chinesen umher. Speziell die Frau ermüdet zusehends. Nun erhält J. B. vom Auftraggeber die noch ausstehende Information bezüglich des weiteren Schlepperfahrzeugs. Aber das Weiterkommen wird immer beschwerlicher und die eingelegten Pausen werden häufiger. Die Kräfte der Frau schwinden mehr und mehr. Aber auch die drei Männer sind schon fast am Limit. Sie flehen den Schlepper an, sie wieder aus dem Sumpfgebiet zu führen. Doch alles hat seinen Preis: In ihrer Verzweiflung leeren die Männer ihre Taschen und geben dem Schlepper Geld in Form von DM- und Dollarnoten. Die bereits vollkommen geschwächte Frau überlässt ihm zusätzlich noch ihre zwei goldenen Ringe. Der Schlepper beschließt umzukehren – doch zu diesem Zeitpunkt sind sie schon nahe der österreichischen Grenze. Er ändert kurzerhand wieder seinen zuvor gefassten Plan und lässt die erschöpfte Frau allein zurück.
In ihrer Not schließen sich die drei Chinesen dem Schlepper an und folgen ihm. Die verzweifelte Chinesin beginnt zu schreien. Aber der Schlepper ignoriert ihre Hilferufe und setzt sich mit den drei Männern aus dem Sumpfgebiet ab. Die Schreie der Frau sind noch eine Viertelstunde zu hören.
Mittlerweile sind die Männer auf einer Anhöhe angelangt. Sie schöpfen Hoffnung, zumal endlich eine beleuchtete Ortschaft auf österreichischem Staatsgebiet zu sehen ist. Also setzen die Männer ihren Marsch in diese Richtung fort. Nach Durchwatung des Grenzflusses erreichen sie gegen 4 Uhr Früh die Marktgemeinde Leopoldschlag. Doch hier erwartet sie nicht die ersehnte Freiheit, sondern einer unserer Kollegen von der

Grenzpolizeiinspektion, der mit seinem Diensthund gerade auf Fußstreife unterwegs ist. Die Männer werden sofort aufgegriffen, aufs Revier gebracht und verhört.
Doch was geschah mit der erschöpften Frau? Entdeckt wurde sie am 16. September um 10.30 Uhr von einem Jäger. Sie lag tot auf der Wiese – ca. zwei Kilometer flussabwärts von Leopoldschlag. Anhand der beiden Ringe, die beim Schlepper gefunden wurden, konnte sofort ein Zusammenhang mit den aufgegriffenen Personen hergestellt werden.
Nähere Untersuchungen ergaben, dass sich die Asiatin, nachdem sie von J. B. in Stich gelassen wurde, noch ca. 150 Meter weiterschleppen konnte. Sie hatte es geschafft, bis zum Grenzfluss zu gelangen und sich mit letzter Kraft über das relativ steile Ufer zu retten. Doch dann war Schluss. Am Boden kriechend blieb sie nach 15 Metern am Fuße eines Hochstands auf der Wiese liegen und verstarb. Todesursache: Unterkühlung und totale Erschöpfung. Ihr Körper war von zahlreichen Schürfwunden übersät, die darauf hindeuteten, dass sie unmittelbar vor ihrem Tod unzählige Male gestürzt sein musste.
J. B. wurde der tschechischen Justiz übergeben. Die drei überlebenden Chinesen fanden in einem Asyl-Auffanglager Unterkunft.
Die unbekannte tote Frau wurde auf dem Ortsfriedhof Leopoldschlag beigesetzt. Sie bleibt namenlos. Ihr Schicksal für mich aber unvergessen.

Günther Berghofer
Oberstleutnant

Bundespolizeidirektin Wien
Stadtpolizeikommenado Floridsdorf

Flashback

Ich spüre es nicht kommen. Ich sitze in einem Seminarraum und plärr' vor allen Teilnehmern und Trainern einfach drauf los. Keine Ahnung warum. Ich kann meine Tränen und mein Schluchzen nicht zurückhalten. Es kommt plötzlich, es überrascht mich nicht weniger als alle anderen im Raum. Es ist einfach da. Ungeahnte Schleusen und Ventile öffnen sich. Sie geben frei, was sich über fünf Jahre lang in mir unbemerkt aufgestaut und angesammelt hatte. Und das mir, einem Polizeioffizier, unerschütterlich, kontrolliert, beherrscht, unnahbar!

Eigentlich sollte ich mit einigen anderen Kollegen zum Trainer für angewandte Psychologie ausgebildet werden. Eigentlich war ich gut drauf in dieser Seminarwoche im Hütteldorfer Europahaus in der Linzerstraße. Eigentlich deutete nichts darauf hin, dass eine solche Eruption bevorstand.

Ein Schulungsvideo, das uns zukünftigen Polizeipsychologie-Trainern Aufschlüsse und Hintergrundinformation zum Themenbereich „posttraumatische Belastungsstörungen" vermitteln sollte, stürzt mich als Betrachter und Seminarteilnehmer unvorbereitet in ein heftiges Flashback. Nachgestellte Szenen und Interviews mit betroffenen Kollegen zum Thema

„Waffengebrauch“ werfen mich unvermittelt in die Vergangenheit zurück, in meine Vergangenheit, einige Jahre zurückliegend, und doch so gegenwärtig.
Montag, 7. Mai 1990:
Körperverletzungen, Einbrüche, Diebstähle, Kennzeichenabnahmen, Bedrohungen, Lärmerregungen, Sperrstundenüberschreitungen, Festnahmen, Beschwerdebriefe, Missachtung der Sperrlinie oder des Rotlichts, bedenkliche Funde, Tagesberichte der Wachzimmer.
Ein beachtlicher Stapel Papier liegt vor mir auf dem Tisch; die unterschiedlichsten Anzeigen und Berichte, die gesamte polizeiliche Ausbeute des letzten Wochenendes aller sechs Wachzimmer im 22. Bezirk. Wie immer ziehe ich mich zuerst um und setze mich dann in Uniform zu meinen Kollegen in die Kanzlei. Mit Filterkaffee und jeder Menge Zigaretten mache ich mich an die Routinen heran, die an einem Montagmorgen auf einen jungen Polizeioberleutnant nun einmal so warten: Dazu gehören eben Durchsicht und Korrektur aller über das Wochenende eingelangten Schriftstücke, in der Mehrzahl schriftliche Anzeigen. Inhalt, Form und gesetzte polizeiliche Maßnahmen gilt es zu überprüfen. Die guten, die meiner aufmerksamen Durchsicht standgehalten haben, wandern ins Kisterl „erledigt“, die anderen, die beanstandeten Schriftstücke, werden von mir sofort mit einem Notizzettel gebrandmarkt. Kaum leserlich kritzle ich meine Empfehlungen und Korrekturanweisungen für den Empfänger darauf. Knapp, fast bedrohlich.
Auch heute, am 7. Mai, schaffen es einige nicht beim ersten Anlauf ins Kisterl und winden sich zurück zum Verfasser. Zwischendurch einige „Nebenbeigespräche“ mit meinen Kollegen, kurzer informativer Austausch der privaten Ereignisse

am Wochenende: krankes Kind, Polterabend-Nachwehen, Wasserschaden im Keller, Ärger über Berichterstattung und Prozesskosten Udo Proksch etc. Dann ein gezielter, leicht untergriffiger Kommentar zum letzten Fußball-Bundesligaspiel von Rapid Wien, damit unserem Religions-Rapidler „der Kampl nicht zu stark anschwillt". Untergriff leider ungeplant überdosiert – Diskussion entbrannt. Ich kann das mittlerweile aber wirklich nicht mehr hören – von wegen Rapid ist Religion. So ein Unsinn!
Demonstrativ ziehe ich mich auf die Fortsetzung der Anzeigendurchsicht zurück. Diese verlangt ohnedies immer – aber jetzt ganz besonders – meine volle Aufmerksamkeit und Konzentration. Der Griff zum Stigmatisierungszettel bringt mich endgültig aus dem Schneider. Jeder ist sich offensichtlich der Gewichtigkeit dieser Handlung bewusst, und um nicht die geringste Trübung dieses Bewusstseins zuzulassen, zelebriere ich das Anbringen und Beschriften der Notizzettel wie eine rituelle Handlung. Man sieht mir mein Ausscheren aus der entfachten Diskussion nach. Wenngleich mich aufgeschnappte Wortfetzen wie „Gott muss ein Grüner sein" und „Sankt Hanappi" beinahe wieder zurück in die Diskussion katapultiert hätten.
Gedanken über den weiteren Tagesablauf blitzen auf, und ich versuche sie zu ordnen: zuerst die Anzeigen erledigen, dann kurze Besprechung beim Chef, danach Vorbereitung der Themen für die Abteilungsschulung etc. Der Arbeitstag ist ja erst drei abgetötete Zigaretten und zwei Tassen Kaffee alt. 08:20 Uhr. Und wie es aussieht ein Tag wie viele andere, ein Wochenbeginn, ähnlich wie andere auch. Viel Routine, wenig Abweichungen, keine Besonderheiten, keine ungewohnten Herausforderungen. Bekannte, weil x-fach erlebte Situationen

warten, leicht einzuschätzen, schon mit ausreichenden Erfahrungswerten gepflastert, schablonenhaft, gewohnt und vertraut, bewältigbar und – nicht einmal so schlecht!
Und dann reicht ein lapidarer, zu mir in die Kanzlei umgeleiteter Anruf und einiges in meinem Leben nimmt eine Wende. Ein Anruf schneidet das Furunkel „Routine" auf, presst den Eiterherd „gewohnter Alltag" aus, und eine undefinierbare Brühe aus Angst, Aggression, Anspannung, Unfassbarkeit, Wut, Überforderung, Unterschätzung und Unvorstellbarkeit quillt hervor. Eine leichte Krümmung meines rechten Zeigefingers zur Überwindung des Abzugswiderstands meiner Glock wird den alles entscheidenden Unterschied ausmachen. Ein Pistolenschuss. Mein erster, ein „echter"!
„Herr Oberleutnant, in Floridsdorf gibt's eine Schießerei mit flüchtenden Geldtransport-Räubern. Das Geschehen verlagert sich immer mehr in unsere Richtung, in die Donaustadt!" Diese knappe telefonische Information vom Kommissariatswachkommandanten wirft meinen geplanten Tagesablauf gehörig durcheinander. In wenigen Minuten auch mein gewohntes Leben. Ich renne in mein Büro und aktiviere das Handfunkgerät. Ich höre aufgeregte, sich überschlagende Stimmen. Sachinhalte der Funksprüche sind kaum vernehmbar, aber mehr als Worte und Informationen dringt die Stimmung zu mir durch. Schauder und Gänsehaut durchlaufen und aktivieren mich zugleich. Die Gefährlichkeit der Situation vor Ort spiegelt sich in der Erregung der Stimmen der Polizisten. Während zwei Kollegen mit mir zum Fahrzeug eilen, versuche ich die bruchstückhaft abgehackten Funksprüche so gut wie möglich zu interpretieren.
Wir fahren vorerst auf gut Glück los. Wagramer Straße stadtauswärts. Gleich nach dem Losfahren kommt am Funk fast

schreiend „Klenaugasse, Schrickgasse“ durch. Wir sind in unmittelbarer Nähe. Nach wenigen hundert Metern biegt mein Fahrer in die Schrickgasse ein. Weitere Funksprüche geben Aufschluss darüber, dass ein Täter offensichtlich angeschossen wurde und in der Schrickgasse gesichert wird. Der zweite Täter ist in den angrenzenden Innenhöfen auf der Flucht. Also konzentrieren wir uns auf den zweiten, den flüchtenden Täter. Zu diesem Zeitpunkt konnten wir nur vermuten, dass es sich hier um die sogenannte „GTI Bande“ handelte, ein hochkriminelles, wild um sich schießendes Brüderpaar, dessen x-ter Überfall auf einen Geldtransporter soeben von der Polizei durchkreuzt wurde.

Die Vielzahl an Funkwagenbesatzungen, die schon seit einigen Kilometern den Räubern auf der Spur waren, sichert immer dichter jenen Häuserblock, in dem der zweite Täter vermutet wird. Die Spannung ist zum Greifen, alle wissen, der Showdown hat die entscheidende Phase erreicht. Jeder spürt die Gefahr und die Nähe des Täters, alle sind in einem aufgepeitschten Ausnahmezustand, körperlich und mental.

So gut es geht, wird noch die eine und andere koordinierende Anordnung an die Kräfte vor Ort und an die Funkstelle getroffen. Kurzer Lageüberblick auch für die noch auf der Zufahrt befindlichen Funkwagenbesatzungen. Einige Polizisten der Alarmabteilung – sie sind mit Schutzwesten ausgerüstet – halte ich dazu an, einen der Innenhöfe zu durchsuchen. Kurz darauf die Nachricht: „Der Innenhof ist sauber!“ Sie eilen weiter zum benachbarten Wohnhaus. Währenddessen begebe ich mich selbst in den „sauberen“ Innenhof, um mir ein Bild über etwaige Fluchtmöglichkeiten zu machen. Die Örtlichkeit ist übersichtlich, eingegrenzt von Häuserfronten und Mauern. Keine Auffälligkeiten, außer einigen Personen auf einem

Balkon. Sie blicken in den benachbarten Innenhof, in den ich von meinem Standort aus keine Einsicht habe. Eine knapp zwei Meter hohe Trennmauer versperrt mir die Sicht. „Habt's was gesehen?", rufe ich ihnen zu. Eher lapidar kommt von einem Mann die Antwort: „Er hat ihn eh schon", und deutet mit einer leichten Kopfbewegung in Richtung des angrenzenden Innenhofs. Ich sprinte zur Mauer und erkundige mich bei den Personen am Balkon, ob er „ihn" schon fixiert hätte.
Noch bevor ich eine Antwort erhalte, höre ich einen Schuss. Der Schuss kam von der anderen Seite der Mauer. Schlagartig wird bei mir der „Autopilot" aktiviert. Wie nach dem Drücken der Starttaste eines Projektors läuft jetzt ein Film ab. Ein Film, der schon längst fertig und dessen Handlung nicht mehr veränderbar ist. Und ich bin ein fixer Teil dieser Handlung, ob ich will oder nicht. Es passiert mit mir. Ich habe nicht wirklich Einfluss auf die Abfolge, kann nicht eingreifen, nicht anhalten, nichts verändern und mich auch nicht entziehen. Das Drehbuch ist geschrieben, die Szenen sind längst abgedreht. Jetzt folgt nur mehr die Wiedergabe.
Mein erster Gedanke war: Jetzt hat's einen Kollegen erwischt! Ich bin blitzartig auf der Mauer, um mir Überblick zu verschaffen. Im Innenhof rangeln zwei Männer miteinander. Dabei kam es kurz zuvor ziemlich sicher auch zu der von mir wahrgenommenen Schussabgabe. Erleichterung bei mir: Einer davon ist Polizist, er scheint unverletzt. Der andere ist eine Zivilperson, älter, weißes Haar, seriös wirkend! Der Kollege hält seine Pistole in der rechten Hand, der Mann in Zivil umklammert die Pistole des Polizisten mit seiner linken Hand und versucht sie von seinem Körper wegzudrücken. Nun packt der Polizist den Mann mit seiner freien Hand am „Krawattl" und hält ihm die vorne geöffnete Jacke zusammen. Dessen unge-

achtet, versucht der Mann mit seiner rechten Hand unter die Jacke zu langen. Schnell fügen sich in meinem Kopf alle einzelnen Wahrnehmungsteile zu einem Gesamtbild. Meine Dienstpistole im Anschlag, ein greller Zuruf in Richtung des Kollegen. Erstaunte Blicke von ihm und dem Zivilisten, ein kurzer Augenblick Stillstand in der Dynamik des Kampfes. Dann ein ruckartiges Losreißen der festgehaltenen Schusshand des Kollegen von seinem Widerstreiter. Er weicht zwei Schritte zurück und schafft Distanz. Diese Distanz ist Raum und Sicherheit für mich. Jetzt stößt die Hand des Zivilisten unter seine Jacke ...

Mein Schuss traf den Täter knapp unter dem Rippenbogen. Kein Zweifel bei mir, keine Unsicherheit, kein Zögern, keine Sorge um die Sicherheit des Kollegen, keine Angst eines Fehlschusses, keine Möglichkeit der Einflussnahme mehr. Der Film sah es so vor und die Geschichte stand schon fest. Ich führte sie nur mehr aus.

Der Mann sackt sofort zusammen, fällt nach hinten und bleibt am Rücken liegen. Alles scheint so weit entfernt, so unwirklich, so unfassbar. Ich stehe noch immer auf der Mauer und sehe nur einen minimalen Ausschnitt der ganzen Szenerie. Noch immer ist meine Wahrnehmung komplett auf die Gefahrenquelle, auf den Zivilisten fokussiert. Unklar und verschwommen vernehme ich gefilterte Stimmen. Ich höre die Worte: „Ich weiß aber nicht, ob das wirklich der Täter ist!"

Zuerst dringen nur die einzelnen Wörter zu mir durch, ohne dass ich Sinn und Zusammenhang realisiere. Erst allmählich werden mir die Kraft dieses Satzes und die damit verbundenen Folgen bewusst. Heftigkeit und Tragweite dieser Aussage des Kollegen erschlagen mich förmlich. Eine neue Spule eines Films wird eingelegt und vor meinen Augen abgespielt.

Diesmal blitzten in Sekundenbruchteilen bedeutende Ausschnitte aus meinem Leben auf, meine Frau, meine Kinder, mein Beruf. Alles, was mir wichtig ist, kommt mir in den Sinn, verbunden mit dem uferlosen Gefühl des Verlustes. Soeben werden die Ankerleinen meines Lebens durchtrennt. Eine nach der anderen. Haltlos treibe ich in völliger Leere, ich spüre mich nicht mehr, die Festplatte wird Stück für Stück gelöscht. Ich springe von der Mauerkrone hinab in den Innenhof, der tiefer angelegt ist, als jener, den ich mit dem Überqueren der Mauer soeben hinter mir ließ. Springe knapp dreieinhalb Meter in die Tiefe und weiß bis heute nicht, wie ich das angestellt habe. Hier fehlt ein Stück des Films. Es sind nur ein Flimmern und ein Rauschen vorhanden, aber keine Bilder, keine Konturen, kein Ton, keine Erinnerungen und keine Gefühle.

Erst als ich unmittelbar beim Angeschossenen stehe, und sehe, dass er unter der Jacke in einem Schulterholster eine großkalibrige Waffe stecken und um den Hals ein Funkgerät hängen hat, setzt zögerlich das Bewusstsein wieder ein. Nochmals habe ich den Eindruck, die Worte „ich weiß nicht, ob das wirklich der Täter ist", zu hören. Ich zähle den Inhalt dieses Zurufs, die Waffe und das Funkgerät zusammen und mein nächster Gedanke in dieser Situation ist: „So, jetzt hast einen Kieberer erschossen" – einen Kollegen, einen Kriminalbeamten. Kriminalbeamte tragen Zivilkleidung, oft auch ein Funkgerät in ihrer Innentasche und ihre Waffe in einem Schulterholster. Zudem schaut der Typ am Boden auch viel zu seriös, zu gepflegt aus – so gar nicht „verbrechermäßig". Dieser Mann passt überhaupt nicht in mein „Gangster-Schema". Regungslos starre ich auf den vor mir auf dem Boden Liegenden. Wie in einem schlimmen Traum spüre ich mich immer tiefer und rasanter in ein Loch der Verzweiflung und Fassungslosigkeit fallen. Ich komme nie an, schlage nie auf, es geht immer weiter, ich werde immer leerer und leichter, ich spüre mich immer weniger.

Doch dann wird mein freier Fall spontan eingebremst und gestoppt. Offensichtlich als Reaktion auf den geäußerten Zweifel meines Kollegen presst der Schwerverletzte unter sicht- und hörbarer Anstrengung plötzlich hervor: „I bin's eh, den ihr sucht! Es tuat ma leid!"

Es sind noch keine 15 Minuten vergangen, seit ich mein Büro verlassen habe. Langsam bekomme ich wieder Boden unter meinen Füßen. Ich muss schließlich gleich wieder funktionieren, mein Beruf, mein Stand, meine Geschlechterrolle verlangen es so. Keine Schwäche anmerken lassen, keine Gefühle zeigen. Einfach durchtauchen, trotz des Wissens, dass gerade jetzt Hilfe und Unterstützung wichtig wäre. Aber da ist noch kein Platz in meinem Kopf für eine seriöse und professionelle Aufarbeitung, obwohl es hierfür schon Angebote gäbe.

Fünf Jahre später bekam ich in aller Brutalität die Rechnung präsentiert. Fünf Jahre lang trug ich Wut und Zorn auf den angeschossenen Täter, dem Typen von der GTI-Bande in mir. Er zwang mich durch sein Verhalten in die von mir ungewollte Situation, gegen einen Menschen die Dienstwaffe verwenden zu müssen. Er war dafür verantwortlich, dass ich diese außergewöhnlichen Minuten durchleben musste, dass ich mein Leben wie in einer Rückblende ablaufen sah, dass ich zeitweilig jeglichen Halt verloren hatte und abstürzte. Warum ich? Warum hat er mir das angetan? Sein Verhalten machte mir auf intensivste und unverträglichste Weise die gesamte Tragweite polizeilichen Handelns erstmals richtig bewusst. Leider zu deutlich, zu heftig, zu nachhaltig, zu unvorbereitet.

Markus Tilli
Bezirksinspektor

Landespolizeikommando Wien
Polizeiinspektion Stiftgasse

Achtung – falsche Polizisten!

Erinnern Sie sich an die früheren Streifenwagen – mit weißer Lackierung, rotem Seitenstreifen und schwarzem Polizei-Schriftzug? Wenn wir auf Patrouille fahren, sind wir üblicherweise mit PKW der Golfklasse unterwegs. Das ist heute ebenso der Fall, wie zu Zeiten der weißen Streifenwagen. Einziger Unterschied: Zum damaligen Zeitpunkt hatten wir einen sehr eingeschränkten Fuhrpark. War beispielsweise ein Einsatzfahrzeug in der Reparatur, gab es zumeist nur zwei Alternativen. Wenn man Glück hatte, bekam man einen Polizei-Bus zur Verfügung gestellt. Hatte man Pech, lautete die Devise: Fußstreife.

Aber an jenem Tag vor mittlerweile acht Jahren hatten wir Glück, und ich fuhr gemeinsam mit einem Kollegen in einem weißen Polizei-Bus mit der Funkkennung „Wilhelm 4" auf Streife. Kurz vor einer Kreuzung wurden wir von einem Fahrzeug überholt. Die Lenkerin war eine alte Dame, die wild entschlossen über die rote Ampel raste. Wir hielten das natürlich für keine besonders gute Idee, schalteten das Blaulicht ein, folgten der Fahrerin und hielten sie an.

„Verkehrskontrolle. Bitte die Fahrzeugpapiere."

Doch die Dame reagierte nicht. Sie sah uns nur misstrauisch an. Also versuchten wir abermals unser Glück:
„Verkehrskontrolle, bitte Führerschein und Zulassungsschein!"
Die Fahrerin, sie musste an die achtzig sein, saß weiterhin regungslos in ihrem Auto und machte keinerlei Anstalten, unserer Aufforderung Folge zu leisten. Stattdessen fragte sie mit fester Stimme und skeptischem Blick:
„Wer sind Sie?"
„Die Polizei!"
„Das kann nicht sein!"
„Wieso?"
„Weil die Polizei nicht mit solchen Autos fährt!"
Kaum hatte sie diesen Satz zu Ende gesprochen, zückte sie ihr Handy und wählte 133. Sie meldete dem Polizeinotruf, dass sie soeben von zwei falschen Polizisten aufgehalten worden sei und unverzüglich um Hilfe bitte.
Keine fünf Sekunden vergingen, schon wurden wir – als örtlich zuständiger Streifenwagen – von der Notrufzentrale angefunkt. „Einsatz für Wilhelm 4 – Frau wird von falschen Polizisten festgehalten. Bitte sofort hinfahren."
Unsere Antwort:
„Wilhelm 4 ist schon da. Wir sind die vermeintlich falschen Polizisten!"
Verwirrung in der Funkzentrale:
„Wieso?"
„Die Dame glaubt uns nicht, dass wir echte Polizisten sind, weil unser Fahrzeug in ihren Augen nicht wie ein Polizeiauto aussieht."
Der Dialog, der sich in weiterer Folge zwischen uns und der Frau entwickelte, hätte jedem absurden Theaterstück alle Ehre gemacht. Was auch immer wir für handfeste Beweise und

Argumente vorbrachten: Nichts konnte sie von ihrer felsenfesten Überzeugung abbringen, dass wir uns nur als Polizisten verkleidet hätten. Und sie werde sicher nicht auf diesen Trick hereinfallen. Schließlich hätte man von derlei Betrügern schon oft genug in der Zeitung gelesen!
In gewisser Weise hatte die Dame auch Recht. Ein gesundes Misstrauen ist prinzipiell immer angebracht. Kriminelle, die sich als Gaskassiere oder eben als Polizisten verkleiden, waren in der Vergangenheit leider schon mehrmals bittere Realität. Aber in diesem Fall standen ihr zwei Uniformierte gegenüber, die von Dienstausweis bis hin zu Funkkennung alles vorweisen konnten, was „echte" Polizisten eben nun einmal ausmacht. Dennoch war alles Argumentieren sinnlos. Sie hatte einfach diesen Gedankengang und wir keine Chance, ihr diesen zu nehmen. Wir waren der Dame deshalb auch nicht böse, nur nach gut 15 Minuten des Diskutierens müde. Die Amtshandlung wurde abgebrochen, ihre Daten notiert und lediglich ans Verkehrsamt weiter geleitet.
Danach fuhr die alte Dame weiter. Vermutlich mit einer gewissen innerlichen Genugtuung, soeben zwei falsche Polizisten anhand ihres verräterischen Autos entlarvt zu haben …

Erwin Kepic
Chefinspektor

Landeskriminalamt Oberösterreich
Assistenzbereichsleiter
(Tatort / Erkennungsdienst)
Linz

Im Tunnel von Kaprun

Am Samstag, dem 11. November 2000, ereignete sich die bisher größte Unfallkatastrophe in Österreich. 155 Menschen kamen beim Seilbahnunglück auf dem Kitzsteinhorn in Kaprun ums Leben. Nur 12 Personen konnten sich retten.
Ab Samstagmittag befanden sich etwa tausend Einsatzkräfte von Rettung, Bundesheer, Feuerwehr und Gendarmerie vor Ort. Aufgrund der starken Rauchentwicklung und der giftigen Abgase war der Tunnel erstmals am Sonntag ohne schweren Atemschutz begehbar.
Angesichts des Ausmaßes der Katastrophe wurde bundesweit von verschiedenen Tatortgruppen Unterstützung angeboten. Auch von der Tatortgruppe Oberösterreich. Kollege Zauner und ich meldeten uns freiwillig für diesen Einsatz. Montagfrüh wurden wir von der Kriminalabteilung Salzburg angefordert, wenige Stunden später trafen wir bei der hermetisch abgesperrten Einsatzzentrale ein, die in der Nähe der Talstation des Unglückstunnels positioniert war. Für die Tatbestandsaufnahme waren insgesamt 28 Beamte der Tatortgruppen Salzburg, Niederösterreich, Steiermark, Tirol und Oberösterreich im Einsatz.
Die Aufgabe der jeweiligen Tatortteams bestand darin, die

Leichen detailliert zu beschreiben, zu vermessen, zu fotografieren und sachgemäß zu bergen. Für unser siebenköpfiges Team ging der Einsatz um 14 Uhr los. Wir stiegen in einen Bundesheer-Hubschrauber und wurden in die Nähe des Versorgungsstollens geflogen, der sich auf der Höhe der Mittelstation befand. Hier sollten die Leichen geborgen werden. Der Flug erfolgte bei starkem Föhnwind. Nicht nur der Pilot stand unter enormem Stress, als wir zur Landung ansetzten und unter den Seilbahnseilen hindurch fliegen mussten. Schließlich landeten wir am Abgrund eines Plateaus. Aufgrund der schwierigen Wind- und Landebedingungen konnte der Hubschrauber allerdings nur auf einer Kufenseite aufsetzen. Die Anspannung und Aufregung aller Beteiligten war in diesem Moment erstmals richtig zu spüren.
Beim Landeplatz wurde in einer Jagdhütte eine Versorgungsstelle des Bundesheeres eingerichtet. Hier warteten die Kollegen, bis das Tatortteam, das bereits im Tunnel arbeitete, den Abstieg bekannt gab und Schichtwechsel signalisierte. Nach einer halben Stunde ging es nun auch für uns los. Ausgerüstet mit Helm, Stirnlampe, Staubmaske, DNA-Overall und Rucksack gelangten wir durch einen 800 Meter langen Versorgungsstollen in den Tunnel, der zur Mittelstation führte. Von hier mussten wir über 2800 Rostgitterstufen, die vom Ruß und dem Löschwasser extrem rutschig waren, 700 Meter zum Unglückszug absteigen. Je mehr wir uns dem Unglücksort näherten, desto stärker wurde der Brand- und Leichengeruch.
Wir hatten bereits die Information erhalten, dass sich die meisten Opfer unmittelbar vor dem Zug beziehungsweise in einem Radius von 40 Metern in Richtung Mittelstation befanden. Doch trotz Vorwarnung war das Ausmaß des Grauens am Unglücksort kaum zu fassen. Uns bot sich ein unvorstellbares

Bild: Manche Opfer lagen ineinander verkeilt auf der vom Feuer geschmolzenen Stiege, andere wiederum – zu verkohlten Torsi entstellt – mitten auf den Schienen. Der vordere Bereich des Zugs war bis auf die Bodenplatte ausgebrannt, vom hinteren Teil war nur mehr ein Stahlgerippe übrig. Wir brauchten einige Minuten, um diesen furchtbaren Eindruck zu verdauen, ehe wir mit unserer Arbeit beginnen konnten.

Die Situation im Tunnel war extrem eng und beklemmend. Der reinste Alptraum. Durch den Brand war auch der sogenannte Kamineffekt – also eine nach oben gerichtete, heiße Gasströmung – stark spürbar. Die Lage wurde zusätzlich durch die Tatsache verschärft, dass im Stollen akute Einsturzgefahr herrschte. Immer wieder hörte man den lautstarken Aufprall von herunterbröckelnden Steinen.

Aus arbeitstechnischer Sicht war zu Beginn das größte Problem, im 45 Grad steilen Tunnel einen sicheren Standplatz zu finden. Für die Bergung der Leichen war ein großer Kraftaufwand vonnöten. Die sterblichen Überreste der Verunglückten waren zum Teil derart miteinander verschmolzen, dass sie nur mit Mühe getrennt werden konnten. Bisweilen war dies nur mithilfe von entsprechendem Werkzeug zu schaffen. Nach Beendigung der Dokumentation wurden die mit Nummern gekennzeichneten Leichen in spezielle Säcke gehievt und den Bundesheerbeamten übergeben. Anschließend wurden die Opfer zum Hubschrauber transportiert.

Im Stollen selbst wurde die Situation immer bedrohlicher. Mehr und mehr Steine brachen von der Tunnelwand herunter. Nach etwa zwei Stunden musste unser Team den Stollen fluchtartig verlassen. Ein Geologe gab die Anordnung, den Tunnel für diesen Tag aus Sicherheitsgründen sofort zu sperren. Nun kam die allergrößte Überwindung auf uns zu: Um

den Tunnel verlassen zu können, mussten wir über die noch übrigen Opfer steigen. Einen Moment, den wohl niemand von uns jemals vergessen wird.
Danach galt es, etwa 2700 Stufen bergab zu steigen, bis endlich der Tunnelausgang erreicht war. Hier wartete noch die letzte Hürde auf uns: Wir mussten eine 600 Meter lange Trasse überwinden, die sich in 70 Meter Höhe befand und zur Talstation führte. Zu diesem Zeitpunkt war es bereits dunkel und der Föhn hatte nochmals kräftig zugelegt. Als wir die letzten Stufen erreicht hatten, wurden wir von Sanitätern und Psychologen empfangen und mit Essen und Trinken versorgt.
Um 23.00 Uhr begann die Einsatzbesprechung im Hotel, danach fielen alle Beamten müde ins Bett. Die wenigsten konnten einschlafen.
Am nächsten Tag begann der Einsatz um sieben Uhr Früh von Neuem. Zu Mittag war schlussendlich das letzte Opfer geborgen.
In meiner 17-jährigen Tätigkeit als Spurensicherer hatte ich noch nie einen Einsatz erlebt, der derart an die Grenzen der körperlichen und psychischen Belastung gegangen ist. Und ich möchte an dieser Stelle meine Hochachtung an alle beteiligten Kollegen aussprechen. Jeder hat sein Letztes gegeben, um diese extreme Herausforderung zu meistern. Besonderes Lob gilt auch der Einsatzleitung, die uns in allen Belangen voll unterstützte, stets darauf bedacht, zusätzlichen Druck zu vermeiden. Jeder Beamte konnte frei über die Dauer seines Einsatzes entscheiden. Man konnte selbst bestimmen, ob man noch einmal den Gang in den Tunnel wagte.

Johann Bednar
Kriminalabteilungsinspektor i. R.

Landespolizeikommando Niederösterreich
Schwechat

Ein armer Teufel

In letzter Zeit kamen wir vom Flughafen überhaupt nicht los. Schlag auf Schlag kamen die Suchtgifttransporteure aus Südamerika nach Europa beziehungsweise nach Wien. Unsere Frauen kündigten uns bereits die Freundschaft, denn zu Hause waren wir äußerst selten anzutreffen und alte Freunde kannte ich nur noch von Fotos.

Wir hatten unter den Transporteuren schon die verschiedensten Menschen kennen gelernt. Typen, die wir am liebsten durch den Fleischwolf gedreht hätten und dann die „armen Teufel", die für einen Hungerlohn von Mafia ähnlichen Verbindungen instrumentalisiert und losgeschickt werden. Die Menschen sind diesen Organisationen total egal. Es kümmert sie einen Dreck, ob diese Leute in Haftanstalten zu Grunde gehen, geschweige denn ob ihre Angehörigen und Kinder eines Hungertodes sterben – alles vollkommen egal! Was zählt, ist der Profit.

So einen „armen Teufel" erwischten wir in den 1990er Jahren am Flughafen Wien Schwechat. Eine kleine, etwas ungepflegt wirkende zierliche Frau erregte deshalb unsere Aufmerksamkeit, weil sie einen nagelneuen Hartschalenkoffer durch die Gegend schleppte. Der Koffer passte zu ihr wie ein Ferrari zu einem Unterstandslosen. Also war eine Kontrolle angesagt. Bei der Frau handelte es sich um die 31-jährige Bolivianerin Rosario V. Eine Kommunikation war nicht möglich: Sie sprach weder deutsch noch englisch, wir wiederum nicht spanisch. Wir gaben ihr lediglich zu verstehen, dass sie den Koffer öffnen sollte. Es kamen einige wenige Kleidungsstücke zum Vorschein, die wir ausräumten. Der leere Koffer kam uns allerdings verdächtig schwer vor.

Bereits im Zuge dieser Amtshandlung fiel uns auf, dass Rosario V. ihren rechten Arm stets fest an den Körper presste, schenkten dieser unnatürlichen Haltung allerdings vorerst kaum Bedeutung. Schließlich war der Koffer viel interessanter: Er wies doppelte Wände auf. Sofort war ein Taschenmesser bei der Hand, um die innere Seite des Hartschalenkoffers vorsichtig zu lösen. Und siehe da: Es begann zu schneien! Kokain! Ein toller Fang.

Wir riefen eine Kollegin, die bei der Frau eine Leibesvisitation durchführen sollte. Nach der Untersuchung teilte sie uns mit, dass die Bolivianerin anstelle des rechten Armes eine sehr primitive Prothese trug.

Wir schnappten uns den Koffer und fuhren mit der Frau ins Büro zur Vernehmung. Ein Dolmetscher übersetzte uns ihren Leidensweg: Rosario V. stammte aus einer sehr armen Familie in Bolivien. Sie lebte mit ihren beiden Kindern in einer Lehmhütte und wurde von skrupellosen Vögeln angeheuert, diese Reise nach Europa durchzuführen. Flugticket und ein paar Dollars wurden ihr in die Hand gedrückt. Einen Rückflug der Frau dürften die Auftraggeber gar nicht in Betracht gezogen haben, denn es handelte sich um ein One-Way-Ticket. Sie sollte in weiterer Folge nach Italien reisen, wo die Übergabe des Koffers geplant war. Als Belohnung wurde ihr eine neue

Armprothese aus den USA versprochen. Die Behinderung hatte die Frau schon seit ihrer Geburt. In gutem Glauben willigte Rosario V. in den Deal ein und führte den Transport durch. Was sich genau in ihrem Koffer befand, war ihr nicht einmal bekannt.
Ich muss gestehen: Bei dieser Amtshandlung zeigten selbst hart gesottene Kieberer wie wir Gefühl und hatten wirklich Mitleid mit der Frau. Umso mehr verstärkte sich der Zorn auf die skrupellosen Hintermänner solcher Aktionen! Denen es, wie gesagt, völlig egal ist, was mit diesen Menschen geschieht. Wichtig ist nur, dass der Rubel rollt.
In unseren Berichten vermerkten wir sehr deutlich, welches Schicksal wir hier „eingefangen" hatten. Und diese „Botschaft" kam auch bei Gericht an. Ich erinnere mich nicht mehr an das genaue Ausmaß der Haftstrafe, jedenfalls war es verhältnismäßig gering.
Was mit der Frau dann in weiterer Folge geschah, nachdem sie abgeschoben wurde: keine Ahnung. Wie sich ihre Kinder während der Abwesenheit ihrer Mutter über Wasser hielten: keine Ahnung. Es war eine jener Amtshandlungen, da man am Abend nach Hause kommt, in die Geborgenheit der Familie, und sehr nachdenklich wird. Weil man wieder einmal daran erinnert wurde, welch arme Teufel es gibt.

Hermann Scheibleker
Chefinspektor

Landeskriminalamt Niederösterreich
St. Pölten
Assitenzbereich 07 - Tatort

Die Stille nach der Zerstörung

Zu Beginn herrschte Chaos pur. Das Ausmaß der Katastrophe war unbeschreiblich. Wir standen inmitten von etwa zweitausend Leichen. All diese Opfer mussten obduziert und identifiziert werden. Es war brütend heiß, und der Verwesungsgeruch nahezu unerträglich. Ebenso wie der Anblick des Elends. Erst wenige Tage waren vergangen, nachdem am 26. Dezember 2004 ein Seebeben im indischen Ozean die bisher größte Tsunami-Katastrophe ausgelöst hatte. Zigtausende Menschen verloren an diesem Tag ihr Leben. Das DVI-Team Österreich (Disaster-Victim-Identification, *Identifizierung von Katastrophenopfern*) stellte sofort eine Hilfstruppe zusammen. Gemeinsam mit anderen speziell für Katastrophen-Einsätze ausgebildeten Tatortspezialisten meldete ich mich freiwillig zu diesem Einsatz. Am 28. Dezember saßen wir abends im Flugzeug, am 31. Dezember nahmen wir an der Südküste Thailands unsere Arbeit auf. Unsere Aufgabe war es, den thailändischen Behörden bei der rechtswirksamen Identifizierung der Leichen zu helfen. Auch österreichische Touristen galten als vermisst.

Vorab war das größte Problem, dass die Infrastruktur der küstennahen Ortschaften fast gänzlich zerstört war. Angesichts dessen musste in Zelten bei 40 Grad Hitze obduziert werden. Es wurden regelrechte Obduktionsstraßen geschaffen, um die Lage in den Griff zu bekommen. Die Arbeitsbedingungen waren in jeder Hinsicht extrem. Kein Notfallplan dieser Welt war auf eine solche Katastrophe vorbereitet.

Angesichts der fatalen Lage waren alle inländischen und ausländischen Hilfskräfte dazu angehalten, sich an die gegebenen Standards anzupassen. Notgedrungenermaßen musste zu Beginn improvisiert werden. Von Tag zu Tag verlief die Arbeit aber in immer geordneteren Bahnen. Mithilfe aller Beteiligten gelang es, schrittweise eine neue Infrastruktur aufzubauen.

Es war Teamwork im wahrsten Sinn des Wortes. Und zwar in jeder Hinsicht. Wir waren in einem Hotel in Phuket untergebracht, wo uns Räumlichkeiten zur Verfügung gestellt wurden, wo wir unser EDV-Büro einrichten konnten. Alle Daten der Opfer mussten in einem speziellen Computerprogramm erfasst werden. Die entsprechenden Interpolformulare wurden in weiterer Folge in all jene Länder versandt, wo Vermisste zu verzeichnen waren. Parallel dazu wurde bei den Angehörigen der Opfer vor Ort alles erhoben, was zu Lebzeiten der vermissten Personen an Identifikationsmerkmalen ausfindig zu machen war – DNA-Spuren, Fingerabdrücke etc. Diese Daten wurden dann ebenfalls EDV-mäßig erfasst und mit den Post-Mortem-Daten verknüpft. Speziell für die Angehörigen der Vermissten ist dieser Informationsaustausch extrem belastend. Wie Menschen in dieser Stresssituation reagieren, ist sehr unterschiedlich. Manche mit purer Verzweiflung, andere mit Wut und Ungeduld, die sich nicht selten an den Polizeibeamten entlädt.

Nicht zuletzt deswegen ist das Gemeinschaftsgefühl innerhalb

des Teams von enormer Bedeutung. Dies von Anbeginn zu fördern und entsprechende Rahmenbedingungen zu schaffen, zählt zu den wichtigsten Kriterien eines derartigen Einsatzes. Schon bei der Auswahl der Unterkunft muss darauf geachtet werden, dass Räumlichkeiten vorhanden sind, die eine klare Abschirmung von den übrigen Hotelgästen garantieren. Dies war auch bei unserem Aufenthalt in Südostasien der Fall. In unserem Hotel gab es für unser Team ideale Rückzugsmöglichkeiten. Wir brauchten den Abstand, um die Eindrücke des jeweiligen Tages auf unsere Weise zu verarbeiten. Kein Abend verging, ohne uns die Geschehnisse des Tages von der Seele zu reden. Diese Gespräche sind schlichtweg erleichternd und ausschließlich für die Ohren der Kollegen bestimmt.
Ich habe die Erfahrung gemacht, dass diese Aussprache oft hilfreicher ist als professionelle psychologische Betreuung. Das Verständnis unter Kollegen mit denselben Erfahrungen ist einfach ein anderes. Man ist für die Dauer des Einsatzes auf einer gemeinsamen Wellenlänge. Auch in Thailand, der bis heute größten Herausforderung des österreichischen DVI-Teams, war diese konstruktive Gruppendynamik wie ein gemeinschaftlicher Fels in der Brandung. Jeder von uns weiß, dass bei der Tatortarbeit sämtliche Gefühle ausgeblendet werden müssen. Anders wäre diese Tätigkeit nicht zu bewerkstelligen. Gleichzeitig muss aber auch ein Ventil gefunden werden, um das Erlebte in irgendeiner Weise zu verarbeiten. Und dieses Ventil waren unsere abendlichen Gespräche. Es war wie ein Ritual, das im Rahmen unseres dreiwöchigen Aufenthaltes Tag für Tag aufs Neue aufgenommen wurde. Dieses intensiv erlebte Gemeinschaftsgefühl war eine Erfahrung, die ich nie vergessen werde.
Ebenso wenig wie die Diskrepanz zwischen Stille und Zer-

störung. Wenn man nun – wenige Tage nach der Katastrophe – am Strand stand, lag das Meer komplett ruhig. Ein stiller Ozean. Kaum drehte man sich um, sah man die Spuren der Verwüstung. Bis in den zweiten Stock waren die Hotelzimmer komplett zertrümmert. Viele Schiffe, darunter auch Polizeiboote, wurden aufgrund der Flutwelle eineinhalb Kilometer weit in den Dschungel geschleudert. Tausende Menschen wurden von der Wucht der Wassermassen überrascht, ertranken oder wurden erdrückt. An diesem schicksalhaften Dezembertag zeigte sich die Natur von ihrer gewaltsamsten Seite. Man mochte all das kaum glauben, wenn man nun aufs Wasser blickte und das Meer lag still wie ein See.

Rückblickend betrachtet, hat der Einsatz der österreichischen Beamten ein Jahr gedauert. In dieser Zeit war es auch ein Ziel, an den internationalen Strategien und Erfahrungen zu partizipieren, um in Hinkunft für den Ernstfall besser gerüstet zu sein. Die ständige Weiterentwicklung und Optimierung des österreichischen DVI-Modells war mithin ein wesentlicher Grund, weshalb wir im Katastrophengebiet vor Ort waren.

Bei unserer Rückkehr nach Österreich erwartete uns die nächste Aufgabe: den Angehörigen der identifizierten Opfer die Todesnachricht zu überbringen. Wie bereits erwähnt, kann man vorab die Reaktion der Betroffenen nicht abschätzen.

Eine Begegnung wird mir allerdings immer im Gedächtnis bleiben: Als ich die traurige Botschaft überbracht hatte, fiel mir die Angehörige des Opfers in einer spontanen Gefühlsregung um den Hals. Diese Frau war regelrecht erleichtert, dass das ständige Bangen, das insgeheime Hoffen auf ein Lebenszeichen, dass die unerträgliche Ungewissheit nun endlich ein Ende hatte. Die Frau konnte mit all diesen Gedanken endlich abschließen. Unsere Arbeit war getan.

Harald Albrecht
Chefinspektor

Landespolizeikommando Wien
Dienststellenleiter der Polizeiinspektion
Breitenfurter Straße

Die Fahrt nach Kotugoda

Ich gebe gern zu, dass man in meinen Augen die Rührung hätte erkennen können, die diese Momente mit sich brachten. Alles kam so unerwartet, so überraschend. Wir saßen im Reisebus auf dem Weg nach Kotugoda und waren schlichtweg sprachlos. Niemand brachte ein Wort über die Lippen, alle Kollegen blickten mit sichtlicher Ergriffenheit aus dem Fenster. Je näher wir unserem Ziel kamen, desto mehr Menschen säumten die Straße, lachten, winkten und beklatschten unsere Ankunft. Strahlende Gesichter wohin das Auge reichte. Wir kamen als Gäste nach Sri Lanka, in kollegialer Verbundenheit, und wurden als VIP-Besucher empfangen.

Zur Vorgeschichte: Die Tsunami-Katastrophe vom 26. Dezember 2004 hatte auch für Sri Lanka fatale Folgen. Über 30.000 Menschen verloren bei der Naturkatastrophe ihr Leben. Besonders betroffen waren der Osten und der Süden des Landes. Die Bilder von verzweifelten Familien, weggespülten Häusern und zerstörten Dörfern weckten rund um den Erdball blankes Entsetzen, zugleich aber Solidarität. Weltweit wurde gespendet. Auch in Österreich.

Die International Police Association (IPA) – ein unabhängiger Zusammenschluss von Polizei, Justizwache und Polizeiverwaltung – schloss sich ebenfalls der groß angelegten Spendenaktionen an. Die IPA Österreich umfasst mittlerweile 35.000 Mitglieder und brachte es auf Spendengelder in der Höhe von 50.000 Euro. Mit diesem Budget wurde auf Sri Lanka ein Haus für eine neunköpfige Familie gebaut. Da ich seit über 30 Jahren Reisereferent der IPA in Niederösterreich bin, wurde ich mit der Aufgabe betraut, dieses Haus im Rahmen einer zweiwöchigen Rundreise am 1. Februar 2007 zu eröffnen.

Und so saß ich nun gemeinsam mit meinen Kollegen im Bus auf dem Weg zur Eröffnungsfeier. Wir waren angesichts des Empfangs, der uns zu Ehren geboten wurde, überwältigt. Die hiesigen Kollegen von der Polizei eskortierten uns auf Motorrädern und mit Streifenwagen. Der Tag der Eröffnung des neuen Hauses wurde in Kotugoda zum Volksfest. Die Kinder hatten schulfrei und winkten mit bunten Fähnchen. Alle Menschen trugen Festtagskleidung und verliehen mit Jubelrufen und Spruchbändern ihrer Freude Ausdruck.

Jeder einzelne Meter dieser Fahrt nach Kotugoda war für meine Kollegen und mich ein ergreifendes Erlebnis. Eine Situation, die speziell für Menschen in unserem Beruf die Ausnahme darstellt. Uns kann im Normalfall so leicht nichts mehr schockieren oder beeindrucken. Man bekommt im Lauf der Dienstjahre einfach eine „dickere Haut“, anders ist dieser Beruf nicht zu bewältigen. Aber hier an der Westküste von Sri Lanka schien dies alles vergessen. Die Freude der Menschen übertrug sich in ungeahnter Intensität auf uns alle.

Unvergesslich auch die Eröffnung des mit Girlanden und Fähnchen festlich geschmückten Hauses. Um Glück und Segen für die Familie zu spenden, hielten Mönche eine wunderschöne Einweihungszeremonie ab. Ein Meer von Kerzen erhellte das Haus. Hochrangige Politiker waren ebenso vor

Ort, wie unzählige Polizeibeamte, die zur Feier des Tages in Ehrenuniformen präsent waren. Das ganze Dorf freute sich gemeinsam mit der neunköpfigen Familie über ihr neues Heim.
Eine derart von Herzen kommende solidarische Freudenkundgebung hatte ich bis dato in dieser Weise noch nicht erlebt. Und es gäbe noch unzählige Details dieser zum Tagesfest ausgeweiteten Eröffnungsfeier zu berichten, wobei mir eine Begegnung ganz besonders nachdrücklich im Gedächtnis geblieben ist. Nachdem die Familie nun Einzug in ihr neues Heim hielt, wurden wir – ähnlich wie bei einer Prozession – durch das Dorf geleitet. Auf unserem Weg wurde uns eine Dame vorgestellt. Sie war Witwe eines Polizeibeamten, der am Tag der Tsunami-Katastrophe einem Dutzend Menschen das Leben gerettet hatte; darunter auch Frauen und Kindern. Bis die gewaltige Wucht des Wassers schlussendlich auch ihn für immer in die Tiefe riss.
Diese Frau hat an diesem Tag nicht nur ihren Mann, sondern auch ihr gesamtes Hab und Gut verloren. Ihr Haus wurde von den Wassermassen regelrecht dem Erdboden gleich gemacht. In einer spontanen Hilfsaktion spendete die örtliche Polizei Gelder für die Errichtung eines neuen Hauses. Diese Begebenheit steht stellvertretend für tausende andere Schicksale. Sie macht zutiefst betroffen, gleichzeitig allerdings auch deutlich, dass gewisse Situationen wohl nur in solidarischem Zusammenhalt zu meistern sind.
Im Zuge unserer Sri Lanka-Reise besuchten wir noch einige andere Polizeistationen. Tauschten mit Kollegen Telefonnummern und E-Mail-Adressen aus, und waren immer aufs Neue von der Offenherzigkeit der Begegnungen überrascht. Keine Frage: Unser zweiwöchiger Aufenthalt war ein Wechselbad der

Gefühle. Hier die Freude über den schrittweisen Wiederaufbau, dort die unwiderruflich in die Landschaft gebrannten Zeichen der Katastrophe. Angesichts dieser offenkundigen Diskrepanz ist die Eröffnung eines neuen Hauses natürlich nur ein Tropfen auf den heißen Stein. Für mich und meine mitreisenden Kollegen aber dennoch ein Erlebnis, das uns bis zum heutigen Tag bewegt.

Markus Tilli
Bezirksinspektor

Landespolizeikommando Wien
Polizeiinspektion Stiftgasse

Den Tod vor Augen

„Messerstecherei im 18. Bezirk.“ Es war purer Zufall, dass wir diesen Funkspruch hörten. Wiens Bezirke sind auf vier Funkkanäle aufgeteilt. Währing fällt im Normalfall nicht in unseren Funkkreis. Mein Kollege Markus Schönsgibl und ich waren zu diesem Zeitpunkt gerade am innerstädtischen Gürtel auf Routinestreife unterwegs, als ein Sektorwagen der WEGA zum Tatort beordert wurde. Zufällig waren wir nur zwei Häuserblocks von der anvisierten Örtlichkeit entfernt. Wir gaben via Funk Bescheid, dass wir in Kürze ebenfalls vor Ort sein werden.

Wenige Augenblicke später waren wir in jener Gasse, die uns angegeben worden war. Im Scheinwerferlicht sahen wir zwei Männer. Einer der beiden kauerte in gebückter Haltung an ein parkendes Auto gelehnt. Der andere presste seine Hand an die Brust des Mannes. Das Erste, was wir beim Aussteigen aus dem Streifenwagen sahen, war Blut. Das T-Shirt des verkrümmt hockenden Mannes war nahezu gänzlich mit Blut verschmiert. Der andere Mann versuchte anscheinend mit seiner Hand eine offene Wunde zu stillen. Sofort lief mein Kollege zum Streifenwagen und holte Verbandszeug.

Der Mann hatte eine etwa vier Zentimeter breite Wunde in

der Brust. Ein klaffender Krater, aus dem Blut quoll. Die Stichwunde wurde sichtlich durch die Atembewegungen so weit vertieft, dass man durch das verletzte Gewebe hindurch Herz und Lunge des Mannes sehen konnte. In dieser Situation kam mir meine Sanitäterausbildung beim Roten Kreuz zugute. Sofort versuchte ich die Wunde mittels Verbandszeug zuzudrücken, um den Blutverlust einzudämmen. Während ich den Mann verarztete, rief mein Kollege die Rettung sowie Verstärkung für die Fahndung nach dem etwaigen Täter.

Nähere Informationen zum Tathergang konnten wir im Augenblick nicht in Erfahrung bringen. Der Verletzte konnte nicht mehr sprechen. Er sank gänzlich in sich zusammen. In diesem Moment verrutschte seine Jacke und ein Schulterholster samt Waffe kam zum Vorschein. Auch Handschellen. Nun war uns klar, dass es sich bei dem Verletzten um einen Kollegen handeln musste. Vermutlich von der Kriminalabteilung, weil in zivil unterwegs.

Bis zu diesem Zeitpunkt dachten wir, dass es sich bei der Messerstecherei wohl um eine persönliche Geschichte zwischen zwei Betrunkenen handelte. Was zu dieser Uhrzeit speziell in Gürtelnähe keine Seltenheit ist. Aber nun sah die Lage völlig anders aus: Es hatte einen Kollegen erwischt.

Während Markus sofort die Angehörigen des verletzten Kollegen verständigte, alle dienstlichen Notwendigkeiten koordinierte sowie sämtliche zur Verfügung stehende Kräfte für eine Riesen-Fahndung mobilisierte, stoppte neben uns plötzlich ein Auto. Eine Frau stieg mit den Worten aus: „Ich bin Ärztin, kann ich helfen?“ Der verletzte Kollege wurde sofort an eine Infusion gehängt, die sich glücklicherweise in der Notfallstasche der Ärztin befand. Kurz darauf traf der angeforderte Rettungswagen ein.

Da ich die Infusion hielt, stieg ich mit dem Verletzten ins Rettungsauto ein. Der Kollege wurde sofort mit Sauerstoff versorgt. Dadurch stabilisierte sich sein Kreislauf ein wenig und er konnte wieder sprechen. In knappen Sätzen gab er mir zu verstehen, dass er zuvor gerade auf Kripo-Streife war. Im Zuge einer routinemäßigen Personenkontrolle ergriff ein Mann schlagartig die Flucht. Mein Kollege rannte ihm nach und stellte ihn zur Rede. In diesem Moment zog der Mann ein Messer und stach zu.

Obwohl der Vorfall in unmittelbarer Nähe zum AKH passierte, wurde der Rettungswagen in den 16. Bezirk, ins Wilheminenspital beordert. Im AKH war sichtlich kein Operationssaal frei. Obwohl sich die Wegzeit damit deutlich verlängerte, war es letztendlich für den Kollegen deshalb ein Glücksfall, weil im Wilheminenspital ein Herzspezialist Nachtdienst hatte.

Doch noch waren wir nicht dort. Jede Sekunde verging wie eine gefühlte Ewigkeit. Von Meter zu Meter machte ich mir größere Sorgen um den Kollegen. Kurz bevor wir beim Spital eintrafen, schaute er mich an und meinte: „Du, ich glaube, es schaut nicht gut aus." In diesem Moment dachten wir, er würde es nicht mehr schaffen.

Kaum im Wilheminenspital angekommen, kollabierte er. Sein Herzschlag setzte ebenfalls aus. Sofort war ein Notteam zur Stelle und unser Kollege kam in den Schockraum. Die erste Diagnose ergab, dass sowohl Herz als auch Lunge verletzt waren. Es kommt äußerst selten vor, dass durch einen Messerstich gleich zwei lebenswichtige Organe betroffen sind. Angesichts der fatalen Lage beschloss der Kardiologe eine Operation durchzuführen, die in Österreich noch niemand gewagt hatte. Er stach mit einer Spritze direkt durch das Herz,

um jene Blutansammlungen abzusaugen, die das Herz am Schlagen hinderten. Der Eingriff gelang. Das Herz des Kollegen begann von selbst wieder zu schlagen.
Dank der Meisterleistung des OP-Teams war unser Kollege nach einigen Tagen außer Lebensgefahr. Nach mehreren Wochen auf der Intensivstation wurde er – als sich sein Zustand verbesserte – auf die Normalstation überstellt. Danach folgten mehrwöchige Rehabilitationsmaßnahmen. Und so unglaublich es auch klingen mag: Nur wenige Monate nach dem Unfall, trat unser Kollege wieder seinen Dienst an.
Trotz intensivster Ermittlungen der Mordkommission wurde der Mann nicht gefasst, obwohl vom ersten Moment an alle Hebel in Bewegung gesetzt wurden. Noch in derselben Nacht beorderten wir einen Scheinwerferzug, um die Gasse, in der das Attentat stattgefunden hatte, bis ins letzte Eck auszuleuchten und zu durchsuchen. Auch sämtliche im Umkreis befindliche Kanalschächte und Kellerfenster wurden durchforstet. Aber der Täter hinterließ keine Spuren.
Aus menschlicher Sicht ist freilich am wichtigsten, dass unser Kollege das Messerattentat überlebt hat. Bis heute kann ich die Erleichterung kaum in Worte fassen, als wir erfuhren, dass er durchkommen wird. Seither sind wir in gutem Kontakt. In seinen Augen war unsere Erstversorgung lebensrettend. Hätte er auf das Eintreffen des Rettungswagens warten müssen, wäre er bis dahin wohl verblutet. Rückblickend betrachtet war es zweifelsohne eine Verkettung von günstigen Fügungen des Schicksals, dass er diese Nacht überlebte: Unsere unmittelbare Nähe zum Tatort, der Empfang des Funkspruchs aus einem anderen Funkkreis, der Passsant, der die Hand an die Wunde hielt und damit die allererste Hilfe bot, die lebensrettende Infusion der zufällig vorbei kommenden Ärztin, die rechtzei-

tige Versorgung mit Sauerstoff im Rettungswagen sowie der geniale Eingriff des Herzspezialisten.

Gleichzeitig wurde uns aber auch mit aller Brutalität vor Augen geführt, welcher Gefahr man als Polizist tagtäglich ausgesetzt ist. Im Prinzip birgt jede Einsatzfahrt ein gewisses Risiko in sich. Jede routinemäßige Personenkontrolle könnte eskalieren, jede Streitschlichtung aus den Fugen geraten. Wir alle wissen das, schenken diesem Gedanken aber keine Macht. Oder versuchen dies zumindest. Aber es könnte jedem von uns jederzeit passieren.

Wolfgang Bachkönig
Kontrollinspektor

Landespolizeikommando Burgenland
Eisenstadt

Das Weinen im Wind

Inmitten einer weiten fruchtbaren Flur von Lutzmannsburg endete die Straße an einem Schlagbaum mit der Warntafel „Achtung Staatsgrenze!“. Dahinter lag ein schmaler Abschnitt, gefolgt von einem Drahtverhau, einem Minengürtel sowie einem zehn Meter breiten Kontrollstreifen. In der Chronik des Gendarmeriepostens Lutzmannsburg heißt es dazu wörtlich: „Dieser Kontrollstreifen wird mindestens jeden dritten Tag geackert und dann geeggt. Das Erdreich soll offensichtlich frisch und locker bleiben.“ Der Eiserne Vorhang glich einer bedrohlichen und nahezu unüberwindbaren Festung.
Kaum zu ermessen, welche Tragödien sich zu Zeiten des Kalten Kriegs rund um die Staatsgrenze abgespielt hatten. Unzählige Menschen bezahlten ihren Wunsch nach Freiheit mit ihrem Leben. Starben oft an Überanstrengung und Unterkühlung oder gingen der engmaschigen Überwachungsmaschinerie ins Netz.
Wir schreiben das Jahr 1957. Revierinspektor Leo Felder war zum damaligen Zeitpunkt Kommandant des Gendarmeriepostens Lutzmannsburg. Der Grenzbereich dieses Wachpostens ist mit 16 Kilometern bemessen. Davon waren 600 Meter ohne Stacheldraht, aber dennoch hermetisch abgeriegelt.

Bereits seit Wochen waren keine Flüchtlinge mehr über die Grenze gekommen. Die kleine Ortschaft jenseits des Stacheldrahts schien wie ausgestorben. Arbeiten an der Grenze durften von den ungarischen Bauern nur mit einer schriftlichen Sonderbewilligung verrichtet werden. Die Not war in diesem Jahr besonders groß. Die Rauchfänge der Häuser blieben die meiste Zeit über kalt. Heizmaterial war offensichtlich nur in geringen Mengen vorhanden.
Man blickte in eine unmittelbar nahe und gleichzeitig so ferne, so fremde Welt. Jede Verständigung wurde unterbunden. Sämtliche Wachtürme entlang der Grenze waren rund um die Uhr besetzt. Den ungarischen Soldaten war es verboten, mit ihren österreichischen Kollegen zu sprechen. Wenn sie einander begegneten, nahmen die Ungarn ihre Gewehre von der Schulter und gingen starren Blickes weiter. Das war Vorschrift. Abweichungen von der Norm waren nicht gestattet.
In dieser in jeder Hinsicht kalten Zeit patrouillierte Revierinspektor Felder eines Abends in unmittelbarer Nähe zur Staatsgrenze. Eisiger Wind fegte über die Felder, der nasse Schnee hatte Fluren und Wege knöcheltief aufgeweicht. Der Beamte trug Gummistiefel, denn mit normalem Schuhwerk wäre er in dieser Nacht wohl nicht weit gekommen. Ein routinemäßiger Dienst neigte sich dem Ende zu, als ihm der Wind auf dem Heimweg plötzlich einen eigenartigen lang gezogenen Ton zutrieb. Es klang wie das Wehklagen eines Hasen.
Felder blieb kurz stehen und lauschte gespannt in die Finsternis: Wieder ertönten die gleichen Laute. Sie kamen von der Grenze. Diesmal mischte sich allerdings die unangenehme Vorahnung hinzu, dass es sich auch um Hilfeschreie eines Menschen handeln könnte. Ohne zu zögern, kehrte Felder um, stapfte querfeldein, hielt immer wieder schwer atmend

an, um in den Wind zu horchen und stolperte unermüdlich weiter. Nach etwa eineinhalb Kilometern wusste er, dass er diese Patrouille nicht vergebens verrichtet hatte.

Vor ihm lag in der schlammigen Erde eines Ackers eine etwa dreißigjährige Frau. Für sie schien der Kampf um den Weg in die Freiheit verloren. Sie war bewusstlos, wahrscheinlich aufgrund der aufreibenden Strapazen der Flucht erschöpft zusammengebrochen. Doch sie war nicht allein. Neben ihr knieten zwei Kinder. Sie waren etwa vier oder fünf Jahre alt und weinten leise vor sich hin. Die Hilferufe des älteren Kindes hatte der Wind offensichtlich über die Ebene getragen, auf der Felder seinen Dienst tat. Nun musste er kurz entschlossen handeln, konnte den Ort des Geschehens unmöglich allein verlassen, zumal erfahrungsgemäß nicht ausgeschlossen werden konnte, dass ungarische Grenzwachen die drei Flüchtlinge wieder über die Grenze schleppen würden.

Nach langem Bemühen gelang es ihm, die Frau wieder zu Bewusstsein zu bringen. Er hob sie auf, legte ihre Arme um seine Schultern und gab auch den völlig verängstigten Kindern zu verstehen, mit ihm zu kommen. Dicht an ihn gedrängt, folgten sie mit tapferen Schritten. Wie lang dieser beschwerliche Weg durch die Nacht gedauert hatte, konnte der Gendarm nicht mehr sagen. Fest steht, dass er am Ende seiner Kräfte war, als er am Gendarmerieposten eintraf, aber auch vor Glück strahlte, dass er dieser Frau und ihren Kindern das Leben gerettet hatte.

Diese Geschichte ist Vergangenheit. Sie bleibt aber in der Erinnerung zeitlos. Ein Lichtblick aus einer ansonsten düsteren Epoche. Der Gendarm war vor Ort, noch bevor etwas Tragisches passierte. Die wohl erfreulichste Facette in diesem Beruf.

Hermann Szodl
Gruppeninspektor

Landespolizeikommando Burgenland
Polizeiinspektion Gattendorf

Pensionsschock

Erinnerungen eines alten Rayoninspektors

Mensch sei schlau und sei kein Tor.
Auf die Pension bereit dich vor.
Kein Mensch will mehr etwas von dir.
Um zwölf ist's genauso gut wie um vier.

Hast Du keine Familie, die dich erhält.
So ist es dein Hobby, das jetzt für dich zählt.
Kannst du kein anderes Herz mehr erwerben,
so musst du sterben.

Josef war ein guter Arbeiter. Seit seiner Lehrzeit bei den Wiener Stadtwerken beschäftigt, war er immer pünktlich und so gut wie nie krank. Von Kuraufenthalten oder ähnlichen Regenerationsmaßnahmen hielt er sowieso nichts. Die Arbeit war – neben seiner Frau Rosa – stets der Mittelpunkt seines Lebens gewesen. Kein Wunder also, dass er auch kein besonderes Hobby pflegte. Josef fühlte sich einfach wohl an seinem Arbeitsplatz und schaute auch in seiner Freizeit des Öfteren im Kraftwerk Simmering vorbei. Josef war ein Arbeitstier.

Den Gedanken an den immer näher rückenden Stichtag seiner Pensionierung verdrängte Josef, so gut es ging. Doch eines Tages war es dann so weit:
„Herr Josef, wir danken für Ihre Arbeitsleistung. Mit heutigem Tag sind Sie Pensionist. Die Lücke, die Sie hinterlassen, wird nur schwer zu füllen sein. Wien dankt Ihnen mit der bronzenen Ehrennadel. Besuchen Sie uns oft und erzählen Sie uns, wie gut es Ihnen in der Pension ergeht."
Josef drehte sich um und ging. Die Gedanken kreisten wie verrückt in seinem Kopf. Seit seine Frau vor einem halben Jahr an Krebs verstorben war, hatte er im Grund genommen an allen Dingen die Freude verloren. Auch die Arbeit füllte ihn nicht mehr in gewohntem Maß aus. Seinen Sohn hatte er seit zehn Jahren nicht mehr gesehen. Er war nicht einmal zur Beerdigung seiner Mutter gekommen. Für Josef war sein Sohn so gut wie tot.
Heute habe ich Tagdienst. Ich bin Revierinspektor und sorge mit meinen Kollegen im 11. Hieb für Sicherheit. Bei der Diensteinteilung erfahre ich, dass ich mit Gerhard M. auf Streife fahren werde. Das ist immer ein Zeichen, dass viel los sein wird.
Herr Josef saß im spärlich eingerichteten Wohnzimmer und stierte in den Fernseher. Er war müde, konnte aber nicht schlafen. Stattdessen immer wieder diese quälenden Gedanken. „Rosa, warum hast du mich allein gelassen? Was mache ich bloß ohne dich?"
Die ersten drei Stunden haben wir bereits herunter gebogen. Wir finden sogar Zeit, andere Wachzimmer aufzusuchen. Im Kommissariat herrscht die übliche Betriebsamkeit. Viel Parteienverkehr. Jeder Mensch hat irgendetwas auf dem Herzen. Manche von ihnen wollen einfach nur reden. Es ist heiß.

Wirklich sehr heiß. Bevor wir auf die WEI (Wachzimmer Weißenböckstraße) fahren, holen wir uns ein Eis. Das richtet wieder auf. Danach rücken wir in der Kaiser Ebersdorfer Straße ein und lassen uns ablösen. Runter mit dem Hemd und her mit einem kalten Gesöff.
Josef spürte die Hitze nicht. Sie wäre ihm auch egal gewesen. Wenn nur diese quälenden Gedanken nicht gewesen wären. Immer und immer wieder kreisten sie im Kopf und ließen sich nicht abschalten. Herr Josef fühlte sich wie gelähmt. Seit Tagen schon konnte er sich kaum noch zu irgendetwas aufraffen. Und falls doch, verlor er nach kurzer Zeit die Freude daran. Was also tun? Vielleicht die Kollegen in der ehemaligen Arbeit besuchen? Ja, das wollte er jetzt tun, wenngleich er sich in letzter Zeit manchmal schon lästig vorkam an der alten Arbeitsstelle. Die Kollegen waren auch nicht mehr dieselben. Nichts war mehr wie früher.
Nach der Schulwegsicherung in der Thürnlhofstraße fragt Franz M., ob wir eine schnelle Partie Schach spielen könnten. Gerhard M. stellt bereits frischen Kaffee zu. Viel Zeit haben wir nicht, in einer halben Stunde ist Ablöse.
Wiener Stadtwerke, Kraftwerk Simmering ist auf dem Schild über Josefs ehemaliger Arbeits- beziehungsweise Wirkstätte zu lesen. „Das waren noch Zeiten“, dachte Josef, „da wurde ich noch gebraucht. Wofür bin ich jetzt noch nütze?“ Josef betrat den weiten Innenhof und stand vor dem Abgasfang. Dieser war, um Geruchsbelästigungen zu vermeiden, einhundertsechzehn Meter hoch gezogen worden. Guter Spannbeton. Die Arbeitsplattform befindet sich auf achtzig Meter Höhe.
Die Schachpartie habe ich gewonnen, der Kaffee gibt ebenfalls neue Kräfte, um die letzten drei Stunden auch noch zu schaffen. Ich bin jetzt Funker. Jede anfallende Arbeit gehört mir.

Um zur Arbeitsplattform zu gelangen, nahm Herr Josef den Lift. Ein Schnelllift. Im Nu ist man oben. Josef trat aus dem Fahrstuhl. Hier liegt einem Wien buchstäblich zu Füßen. Ein gigantischer Ausblick. Aber Herr Josef hatte keinen Blick für das Schöne. Er sah nur das Grauen. Den Alltag. Die quälenden Gedanken, die sich auch unterwegs nicht abschütteln haben lassen.
„Grüß Euch Kollegen!"
„Der schon wieder mit seinen alten, immer gleichen Geschichten", dachten die Angestellten und man sah ihnen ihre Gedanken an. Herr Josef spürte das sofort und starb innerlich ab. Wortlos ging er zu seinem Lieblingsfenster. Hier hatte man die schönste Aussicht. Aber der Blick für die Weite war schon erloschen. Er führte nur noch in sein Innerstes. Doch das war ebenfalls erloschen. Mit Rosa gestorben und mit der Pension verreckt. Er öffnete das Panoramafenster und beugte sich über das Gitter des französischen Balkons.
Ein Vorarbeiter und zwei Angestellte bemerkten den Luftzug und erfassten sofort die Situation. Sie liefen, so schnell sie konnten, zu Josef und bekamen ihn noch an der Kleidung zu fassen. Jetzt hing er da, gehalten von einem Stück Stoff und der Kraft von zwei Armen. Herr Josef war schwer. Die beiden Angestellten brüllten vor Schmerzen und Überanstrengung. Schnell war der Punkt erreicht, an dem die Muskeln erlahmten. Zuerst lösten sich die Finger des einen Mannes, bald darauf konnte es der andere ebenfalls nicht mehr aushalten. Mit rasenden Schmerzen in der Hand und Tränen in den Augen lockerte sich der Griff. Herr Josef fühlte sich mit einem Mal frei. So frei. Die Zeit der quälenden Gedanken war vorbei. „Meine Rosa, ich liebe dich". Und er fiel.
„Konrad 3 von Funkstelle, Konrad 3."

„Konrad 3!“

„Fahren Sie einsatzmäßig zum E-Werk Simmering. Ein Fenstersturz.“

„Verstanden.“

Gerhard M. lässt alles liegen und stehen. Wir fahren mit Folgetonhorn, Vollgas und Musik. Das baut auf, spannt an und lässt das Adrenalin fließen. Schon ist der gewaltige Rauchfang in Sichtweite, der die beiden anderen massiv überragt. Ein kleines Arbeiterwahrzeichen.

Herr Josef fiel und fiel. Dabei touchierte er mehrmals die Stahlbetonwand des Rauchfangs. Aber das spürte er schon nicht mehr. Ebenso wenig den Aufprall. Er war schon längst tot, bekam nicht mit, wie es seinen Körper zerschmetterte und zerriss.

„Konrad 3, wenn Unterstützung benötigt wird, bitte melden! Die Feuerwehr wurde bereits verständigt“, plärrt es aus dem Funkgerät. Auf Kanal 18 warten alle auf unser Eintreffen und den ersten Bericht. Mit einem letzten Aufheulen der Sirene fahren wir in den Innenhof des E-Werks ein. Am asphaltierten Parkplatz hat sich bereits eine Menschenmenge versammelt. Ein Arbeiter deutet auf die Stelle des Unglücks, aber uns ist die Sicht versperrt. Ohne unseren Funkwagen abzuschließen, laufen wir zur Menschenmenge.

„Konrad 3 trifft ein“, brülle ich ins Handfunkgerät. Kollege M. hat die Menschentraube erreicht und drängt die Leute auseinander. Entsetzt weicht er zurück: Vor uns liegt ein Körper, der nur noch von der Kleidung zusammengehalten wird. Der Kopf ist zerplatzt und die Bauchdecke gänzlich aufgerissen. Gedärm und Innereien des Mannes sind weit verstreut. Knochenteile und Hirnmasse im Umkreis von fünf Metern verspritzt. Es riecht wie auf einer Schlachtbank von Sankt Marx.

„Von hier oben ist er hinunter gesprungen. Kein Mensch weiß warum. Er kam, wie schon so oft, einfach auf Besuch zu seiner ehemaligen Arbeitsstätte."
„Funkstelle von Konrad 3, bitte um die Kommission. Ein Mann, zirka zweiundsechzig Jahre alt, ist vom Schornstein des E-Werks achtzig Meter in die Tiefe gesprungen." Dann bleibt mir die Sprache weg.
Die eintreffende Feuerwehr schaufelt die lose verteilten sterblichen Überreste des Mannes zusammen und bedeckt den Leichnam mit einer Decke.
Nach der Kommissionierung wird Josef vom Leichenbestattungswagen abtransportiert. Die Feuerwehr spritzt den Platz wieder sauber.
„Herr Josef war ein guter Arbeiter. Er war immer pünktlich und nur sehr selten krank", lässt mich der Betriebsleiter abschließend noch wissen.

Erwin Scheidl
Abteilungsinspektor

Landespolizeikommando Niederösterreich
Polizeiinspektion Gresten

Futtergrantig

Leider habe ich – wie viele andere Menschen auch – mit meinem Gewicht ein Problem. Ein ewiges Auf und Ab … Aber trotz aller Widrigkeiten war es mir wieder einmal gelungen, innerhalb einer Woche etwa acht Kilo abzunehmen. Ich hatte mit niemandem darüber gesprochen, um dann das Lob doppelt genießen zu können, sollte es jemandem, vielleicht sogar meinen Kollegen, auffallen. Der erhoffte Erfolg blieb aber aus. Niemand schien von meinem Gewichtsverlust Notiz zu nehmen, von Anerkennung oder Lob keine Spur. Meine Stimmung sank in Richtung Nullpunkt. Ich war, wie man in meiner Heimat zu sagen pflegt, schlichtweg „futtergrantig".
Um auf andere Gedanken zu kommen, verordnete ich mir und meinem Kollegen Arbeit in Form von Verkehrskontrollen. Nach einiger Zeit intensivster Kontrolltätigkeit fiel mir ein PKW auf, der sich ungewöhnlich langsam näherte. Auch zu geringe Geschwindigkeit ist suspekt! Ich gab daher ein Haltezeichen, das aber vom Fahrzeuglenker nicht beachtet wurde. Das Auto fuhr mit unverändert langsamer Geschwindigkeit an mir vorbei. Erst nach einigen Metern leuchteten die Bremslichter auf, kurz darauf die Rückfahrscheinwerfer. „Aha", dachte ich, „der reuige Sünder kehrt zurück."

Als der PKW auf meiner Höhe anhielt, senkte sich die Seitenscheibe und siehe da: Eine Frau kam zum Vorschein, die mich völlig verdutzt ansah. „Entschuldigung Herr Inspektor“, sagte sie immer noch ganz zerstreut, „ich hab’ Sie gar nicht gesehen.“ Endlich! Meine Stimmung war wie ausgewechselt! Gerührt, von diesem unerwarteten Lob, gab ich spontan zur Antwort: „Jetzt machen Sie mich aber richtig stolz.“

Verständlicherweise wusste die Lenkerin mit meiner Antwort nichts anzufangen, ebenso wenig mit der Reaktion meines Kollegen, der sich – von Lachkrämpfen geschüttelt – hinter dem Dienstwagen versteckte.

Ich versuchte die Situation zu retten, indem ich die Frau nach einem kurzen freundlichen Wortwechsel einfach weiterfahren ließ. Dass sie mich einzig und allein deswegen übersah, weil sie aufgrund familiärer Probleme einen Moment lang unkonzentriert hinter dem Steuer saß, konnte aber glücklicherweise nichts mehr an meiner Stimmung ändern. Mein „Futtergrant“ war an diesem Tag jedenfalls verflogen.

Martin Pöllabauer
Revierinspektor

Landespolizeikommando Niederösterreich
Polizeiinspektion Eggendorf

Tod im vereisten See

Ich hatte an einem eiskalten Jännertag Dienst. Es brach bereits die Nacht herein, als ein Kollege mich telefonisch ersuchte, eine Überprüfung auf dem Seegelände vorzunehmen. Soeben hatte eine Frau Anzeige erstattet, dass sie ihren Mann und dessen Freund nicht erreichen konnte und sich große Sorgen machte. Die beiden Männer waren auf Eistauchtour und sollten schon längst wieder zu Hause sein.

Ich traf kurz darauf am Ufer des spiegelglatt zugefrorenen Sees ein. Der Pkw, mit dem die Männer unterwegs waren, stand am Parkplatz, doch von den beiden Tauchern fehlte weit und breit jede Spur. Auch Erkundigungen im nahe gelegenen Seerestaurant verliefen negativ. Also zurück zum Seegelände, wo sich bereits einige Rettungssanitäter am Eis vorantasteten und nach den vermissten Tauchern suchten. Ich konnte in der Zwischenzeit Augenzeugen ausfindig machen, die kurz zuvor beide Männer in voller Tauchermontur auf dem Eis gesichtet hatten. Die Suchaktion lief auf Hochtouren, wobei die stockfinstere Nacht die Situation verschärfte. Es dauerte einige Stunden, bis die Männer unter dem Eis lokalisiert werden konnten. Rettungstauchern gelang es, die beiden Männer an die Oberfläche zu hieven. Doch kam für sie jede Hilfe zu spät.

Ich stand zu diesem Zeitpunkt am Seeufer und beobachtete das Geschehen. Als die Taucher die beiden Männer auf die Eisdecke beförderten, setzte zeitgleich hinter mir ein herzzerreißendes Geschrei ein. Ich drehte mich um und sah zwei junge, von Weinkrämpfen geschüttelte Frauen. Die Rettungssanitäter hatten in der Aufregung vergessen, mich davon in Kenntnis zu setzen, dass die Ehefrauen der Verunglückten bereits vor Ort waren. In Begleitung der Sanitäter und des beigezogenen psychologischen Dienstes wurden die Frauen vom Seegelände gebracht.

Diese Szene hätte ich natürlich allen Beteiligten gern erspart. Sie ging extrem an die Nieren. Doch auch die anschließenden Ermittlungen ließen mich nicht kalt. Wie sich herausstellte, waren die verunglückten Männer erst Anfang 30, hatten bisher lediglich einen Sommertauchkurs absolviert und waren im Eistauchen gänzlich unerfahren. Demzufolge waren sie nicht nur mit der falschen Ausrüstung abgetaucht, sondern hatten auch keinen sogenannten „Eismann" engagiert. Also eine weitere Person, die an der Eisoberfläche bleibt, um die Taucher mit einem Seil zu sichern.

Nach Auswertung der Tauchausrüstung wurde festgestellt, dass einer der Männer sofort nach dem Abtauchen verstarb, zumal das Ventil auf seiner Sauerstoffflasche postwendend vereiste. Somit wurde die Sauerstoffzufuhr bereits nach einem der ersten Atemzüge gestoppt.

Der Sachverständige sah es als sehr wahrscheinlich an, dass der zweite Taucher den Unfall mitbekommen hatte und verständlicherweise in Panik geriet. Angesichts der fehlenden Absicherung durch einen Eismann war es ihm nicht mehr möglich, die Einstiegsstelle zu finden, da die Eisoberfläche in dieser Vollmondnacht komplett schneefrei war. Unter diesen Voraus-

setzungen konnten aus Sicht des Tauchers keine Kontraste an der Unterschicht der Eisfläche ausfindig gemacht werden. Das Loch der Einstiegsöffnung zu finden, wäre nur durch Zufall möglich gewesen.
Mit anderen Worten: Die beiden Männer verunglückten durch Leichtsinn und Unerfahrenheit.
Doch nicht genug der Tragik: Beide Männer waren auch Familienväter. Einer von ihnen hatte mehrere Kinder zu Hause, der andere war erst wenige Monate davor Vater geworden. Nun standen die beiden jungen Frauen allein da. Kein Ehemann. Keine Arbeit. Kein Einkommen. Vom seelischen Schmerz ganz zu schweigen.
Die Tage unmittelbar nach dem Unfall waren besonders schwierig. Eine der beiden Frauen kontaktierte mich mehrmals täglich an meiner Dienststelle. Sie wollte sich einfach aussprechen. Sie meinte, mit mir wären die Gespräche hilfreicher, zu mir habe sie mehr Vertrauen als zu jenem Psychologen, der sie knapp eine Stunde nach dem Unglück danach fragte, wie sie sich den Todeskampf ihres Gatten vorstellen würde. Was die Frau in noch tiefere Verzweiflung stürzte.
Für mich persönlich waren diese Gespräche ebenfalls sehr hilfreich, um das Erlebte besser verarbeiten zu können.
Eines Tages zogen die beiden Frauen aus unserer Region weg. Aber ich wohne noch hier und muss immer an dieses Unglück denken, wenn ich in der Nähe des Sees bin.

Otto Scherz

International Police Association

Ausgerechnet ich...

In den Jahren 1971 und 1972 hielt ein Räuber und Raubmörder Wien in Atem. Betroffen waren zumeist alleinstehende Damen im Alter von 70 bis 90 Jahren. Nur in einem Fall traf es einen über 80 Jahre alten Pensionisten. In sieben Fällen waren seine Opfer tot. Besonders brutal wurde der 80-jährige Mann ermordet. Bei weiteren Raubüberfällen kamen seine Opfer mit schweren Verletzungen davon. In einem Fall wurde eine über 80-jährige Rentnerin vergewaltigt.

Bei der Einvernahme der überlebenden Opfer berichteten diese von einem nett wirkenden, molligen, gut gekleideten Herrn, der sich als „Gasmann" ausgab und sich dem Anschein nach ausgezeichnet in diesem Metier auszukennen schien. Unter dem Vorwand Gasgeräte überprüfen zu müssen, verschaffte er sich Zutritt in die Wohnungen.

Nach seiner vorgetäuschten Tätigkeit stellte er auf einem – in jedem Papiergeschäft erhältlichen – Quittungsblock eine Rechnung aus und gab vor, sofort kassieren zu müssen.

Sobald nun sein späteres Raubopfer das Geld holte, war gleichzeitig das Versteck des „Vermögens" preisgegeben und der Täter schlug brutal zu. Bei sämtlichen Überfällen konnten keinerlei Spuren gefunden werden.

Einzige Ausnahme: Bei einem seiner letzten Taten wurde ein Fingerabdruck gefunden.
Nun beginnt meine Geschichte: Ich war zum damaligen Zeitpunkt ein junger Polizeivertragsbediensteter im Büro für EKF *(Erkennungsdienst, Kriminaltechnik und Fahndung)* und der Handschriftenuntersuchungsstelle zugeteilt. Zwecks Schriftvergleich, ob der unbekannte Täter vielleicht in einen anderen Kriminalfall verwickelt war beziehungsweise um ein weiteres aussagekräftiges Beweisstück für Zeiten nach seiner Ausforschung vorweisen zu können, wurde jede vom Täter ausgestellte Quittung zu uns in die „Handschriften" gebracht.
Da bei einer erkennungsdienstlichen Untersuchung nach Fingerabdrücken das inkriminierte Schriftstück schwarz eingefärbt und dadurch schwer lesbar wird und zudem auch alle weiteren für die Handschriftenuntersuchung wichtigen Merkmale vernichtet werden, bekamen wir die Quittungen direkt vom Tatort ausgehändigt.
An dieser Stelle möchte ich noch kurz erinnern, dass sich dieser Fall vor fast 40 Jahren abspielte und man die technischen Einrichtungen nicht einmal annähernd mit dem heutigen Status quo vergleichen kann. Um ein Beispiel zu nennen: Im ganzen Haus gab es nur ein einziges Kopiergerät, das in der Abteilung der Fotografen stand.
Sobald nun im geschilderten Fall eine weitere Quittung auftauchte, wurde diese eingehend untersucht, fotokopiert und an die Spurensicherung weitergegeben. Bis zu diesem Zeitpunkt brachte die Untersuchung nach Fingerabdrücken allerdings keine aufschlussreichen Erkenntnisse oder Ergebnisse.
Gleichzeitig ging das mörderische Treiben des Täters weiter. Einmal mehr brachte uns ein Kollege vom Sicherheitsbüro eine am Tatort gefundene fingierte Zahlungsbestätigung. Nach

eingehender Untersuchung wurde mir das Beweisstück ausgehändigt. Ich nahm die Quittung vorsichtig mit einer Pinzette und ging einen Stock höher, um den Zettel in der Fotoabteilung zu kopieren. Anschließend übergab ich das inkriminierte Schriftstück zur weiteren „erkennungsdienstlichen Behandlung".

Kurze Zeit später machte eine euphorische Meldung die Runde: Zum ersten Mal konnte ein Fingerabdruck auf der Rückseite der Quittung identifiziert werden! Obgleich es in der „Verbrecherkartei" kein Gegenstück gab, waren die Beamten des Sicherheitsbüros trotzdem froh, dass nun eine erste konkrete Spur vorhanden war.

Um vorab Irrtümer auszuschließen, wurden allen Personen, die mit der Quittung in Berührung kamen, die Fingerabdrücke abgenommen. Die Auswertung ergab keinen Treffer. Dann erinnerte sich ein Kollege, dass es da noch jemanden gab, der dieses Beweisstück in Händen hatte – nämlich mich.

Als Letzter war nun also ich an der Reihe zum „Klavierspielen". Die Abdrücke wurden sofort verglichen. Kurz darauf hatte ich nur noch einen Wunsch: Buchstäblich in den Boden zu versinken. Ein Volltreffer! Der Abdruck stammte von meinem rechten Daumen.

Die Erklärung war schnell gefunden: Der nervige Zettel war mir beim Einlegen in den Kopierer immer wieder verrutscht. So dürfte ich ihn, unbewusst, mit dem rechten Daumen fixiert haben. In den nächsten Tagen wäre ich am liebsten mit Tarnkappe oder unterirdisch durch die Amtsräume gegangen. Denn frei nach dem Sprichwort „wer den Schaden hat, braucht für den Spott nicht zu sorgen", wurde jedes Zusammentreffen mit den Kollegen zum Spießrutenlauf.

Zu meinem Glück beziehungsweise zur großen Erleichterung

aller Beteiligten gelang es kurze Zeit später, den Serientäter anhand eines angefertigten Phantombildes in einem Hotel zu verhaften. So geriet mein kleiner Fauxpas (mit großer Wirkung) schnell in Vergessenheit.

Der eingerahmte Abdruck meines rechten Daumens steht allerdings immer noch wie eine Trophäe auf meinem Schreibtisch und erinnert mich seit nunmehr knapp vierzig Jahren an diese Geschichte.

Richard Lux-Rubenser
Gruppeninspektor

Polizeidiensthundeeinheit
Diensthundeinspektion Wien-West

Der Epi

Tagdienst in Wien Ottakring. Am frühen Vormittag bekomme ich als Fußstreifenposten einen Einsatz in einer kleinen Seitengasse: „Wasseraustritt auf der Fahrbahn." Am Einsatzort eingetroffen, muss ich tatsächlich feststellen, dass aus einem Kanaldeckel Wasser sprudelt. Offensichtlich dürfte ein größeres Wasserrohr geplatzt sein. Via Äther wird die Funkstelle vom Sachverhalt in Kenntnis gesetzt und macht nun ihrerseits die zuständigen Magistratsabteilungen und das Büro für Sofortmaßnahmen mobil.

Wenig später treffen die zuständigen Herren am Ort des Geschehens ein. Einige von ihnen kenne ich bereits von vorhergegangenen Vorfällen und Einsätzen im Bezirk. Schließlich bin ich ja nicht erst seit zwei Tagen in Ottakring.

Die Sachlage wird eingehend begutachtet und besprochen. Der Mann vom Büro für Sofortmaßnahmen verständigt die Wasserwerke und veranlasst alle notwendigen Schritte zur Behebung des Schadens. Währenddessen beginnen seine Kollegen bereits mit den Absperrmaßnahmen. Da diese Gasse nun den ganzen Tag gesperrt sein wird, werde ich auch eine Meldung schreiben müssen.

Nach einer guten Stunde ist für mich der Fall erledigt, und

ich verabschiede mich. Auch der Typ von den „Sofortmaßnahmen“ schwingt sich in seinen Lieferwagen und fährt Richtung Thaliastraße. Ich weiß zwar nicht warum, aber ich schaue ihm nach. Er hält bei der Kreuzung an, und bleibt – ohne ersichtlichen Grund – dort stehen. Irgendwie seltsam, wieso fährt er nicht weiter?
Plötzlich heult der Motor seines Lieferwagens auf und läuft auf vollen Touren. Aber das Fahrzeug bewegt sich nicht von der Stelle. Aus dem Auspuff dringen dicke blaue Rauchwolken. Ich bin anscheinend der Einzige, der die eigenartige Situation beobachtet. Ich schwinge die Hufe und sprinte zu dem Klein-LKW, der jetzt etwa 60 Meter von mir entfernt ist. Dort eingetroffen, erkenne ich sofort das Schlamassel.
Der Typ von den Sofortmaßnahmen ist über dem Lenkrad zusammengebrochen. Sein Körper zuckt krampfartig, aus seinem Mund kommt Schaum. Sein linker Arm hängt herunter, die rechte Hand liegt auf dem Armaturenbrett und zuckt ebenfalls. Ich reiße die Fahrertür auf und stütze den Körper, der mir entgegenzufallen droht, mit der rechten Hand ab.
Nun ist auch klar, wieso das Auto mit heulendem Motor mitten auf der Straße „parkt“. Der Mann steht mit einem Fuß auf der Kupplung und mit dem anderen voll auf dem Gaspedal. Und offensichtlich ist der erste Gang eingelegt! Kurz stelle ich mir vor, was passieren würde, wenn sein Fuß von der Kupplung rutscht: Das Auto würde sich selbstständig machen und auf die stark befahrene Thaliastraße hinausrollen. Ein ordentlicher Blechsalat wäre noch das harmloseste Szenario.
Nun heißt es rasch handeln. Ich greif’ mit der linken Hand zum Schaltknüppel und reiß’ den Gang heraus. Dann schieb’ ich den zuckenden Fuß vom Gaspedal, während ich gleichzeitig immer noch sein ganzes Gewicht abstützen muss. Nach-

dem das Auto so weit gesichert ist, lasse ich seinen krampfartig zuckenden Körper aus dem LKW gleiten und bringe ihn so sanft wie möglich am Boden zu liegen. Der Mann ist nicht eben ein Asket und dementsprechend gewichtig.
Anschließend bringe ich ihn – nachdem seine Zuckungen nachgelassen haben – in eine stabile Seitenlage und fordere über Funk die Rettung an. Kurz darauf wird er „mit Verdacht auf epileptischen Anfall" ins Spital gebracht.
Am Nachmittag desselben Tages erscheint der Mann auf unserem Wachzimmer. Er sieht schon wieder ganz gut aus. Mein erster Gedanke: Er ist sicherlich gekommen, um sich bei mir zu bedanken. Schließlich habe ich ihm in einer ziemlich brenzligen Situation schnell und effektiv geholfen. Aber da hatte ich mich getäuscht. Er fragte mich lediglich, ob ich über diesen Vorfall eine Meldung schreiben müsse. Da schlussendlich die Rettung intervenieren musste, war die Antwort natürlich positiv.
Was nun folgte, war ein Tobsuchtsanfall erster Güte. Wieso ich die Rettung denn überhaupt gerufen hätte? Wo doch jedermann weiß, dass ein epileptischer Anfall harmlos ist. Es handelt sich doch lediglich um Muskelkrämpfe. Außerdem hätte er solche Anfälle regelmäßig, eine Rettung wäre noch nie notwendig gewesen. Wegen mir würde er jetzt Probleme auf seiner Dienststelle bekommen. Speziell, wenn man erfährt, dass er den Anfall während der Fahrt hatte usw. usw.
Irgendwann während dieser Litanei schalte ich ab, nicke nur noch zustimmend und denke daran, dass ich heute Vormittag nicht nur ihm, sondern wohl auch einigen anderen Verkehrsteilnehmern einen mächtigen Crash auf der Thaliastraße erspart habe. Nun ja, so ist eben das Polizistendasein, oder: Sellerie, wie der Gärtner sagt.

Alexandra Koller
Bezirksinspektorin

Landespolizeikommando Oberösterreich
Stadtpolizeikommando Wels

Die Flitzer von Wels

Diese Amtshandlung hatte sich zugetragen
bei der Polizei Wels vor einigen Jahren.

Es geschah in einer lauen Frühjahrsnacht,
und unsere Dienstgruppe hatte nachts gewacht.
Da kam ein Einsatz von der Funkleitstelle,
der Wachkommandant und ich saßen zufällig an der Quelle.
„Ob man es noch fasse? In der Hinterschweigerstraße
gehen zwei Nackte durch die Gasse!"
Mit einem lächelnden „Verstanden"
ließen wir keine Sekunde versanden.

Wir fuhren mit einem Kombi hin
und sahen dort zwei männliche Geschöpfe spazier'n.
Außer einem Rucksack, Socken und Schuh'n,
hatten die beiden mit Kleidung nichts zu tun.
Wir gingen die Sache an mit Ruh'
und fuhren langsam mit Fernlicht zu.
Man muss noch eines dazu sagen,
in Wels gab es Polizistinnen erst seit wenigen Tagen.

Ich sagte zu meinem Kollegen:
Ich werde mich als erste aus dem Fahrzeug begeben!
In gleicher Höhe mit den Burschen,
warf ich mich dann in die Furchen.
„Guten Abend, Personenkontrolle."
Sie wussten, dass ich nun ihre Ausweise wolle.
Noch lachten die Burschen von Herzen,
doch sogleich war es vorbei mit dem Scherzen.

„Jessas schau!
Das ist ja eine Frau!"
Dann deckten sie mit beiden Händen,
verkrampft ihre splitternackten Lenden.
Aus dem Gebüsch war lautes Lachen zu vernehmen,
uns war klar, es konnte nur um eine Wette gehen.
Nun galt es, ihre Identität zu klären,
doch waren ihre Hände von ihren Teilen nicht zu entbehren.

Röte schoss in ihre Wangen,
ohne Hosen waren sie befangen.
Doch ehe sie sich weiter rührten,
wollte ich, dass sie sich erst um ihre Ausweise bemühten.
Einer verlor dann seine Scham,
als aus dem Rucksack nun sein Ausweis kam.
Die Amtshandlung verlief ab nun ganz heiter
und im Gebüsch ging das Lachen munter weiter.

Sie erklärten uns sehr nett,
dass es hierbei ging um eine Wett'.
„Frau Inspektor, lassen S' uns noch 50 Meter gehen,
damit wir das Wettgeld unsrer Freunde sehen."

Doch die Hoffnung auf die tausend Schilling schwand,
als man sich wieder in die Hosen wand.
Als auch die amtliche Pönale beglichen,
sich die Burschen eiligst von dannen schlichen.

Die erste Konfrontation mit einer Frau bei der Polizei
sehnten diese Burschen wohl anders herbei.
Und die Moral von der Geschicht',
vergessen die beiden sicher nicht:
Wer in Wels läuft nackt,
hat schnell mit einer Polizistin Kontakt!

Klaus Bilgeri
Chefinspektor

Landespolizeikommando Vorarlberg
Bregenz

Filmreife Flucht

Der Mann wies am gesamten Körper Schürfwunden und Hämatome auf, als er an einem Freitagvormittag gegen 10.45 Uhr die Polizeiinspektion Bregenz aufsuchte. Er gab an, vor etwa zwei Stunden in der Nähe von Bregenz brutal zusammengeschlagen und ausgeraubt worden zu sein. Unbekannte Täter hätten ihm einen Bargeldbetrag von mehreren hundert Euro entwendet. Nun wollte er Anzeige erstatten.

Angesichts der Verletzungen schienen seine Schilderungen im ersten Moment glaubwürdig. Doch im Zuge der niederschriftlichen Befragung verstrickte sich der 37-jährige, angeblich in Tschechien wohnhafte Mann, mehr und mehr in Widersprüche. Wir wurden hellhörig. Noch während seine Version des Raubüberfalls zu Papier gebracht wurde, recherchierten wir nähere Details zu seiner Person. Eine Kollegin, die zufällig in den Journaldienstraum kam, erkannte den Mann: Er war per Foto zur Fahndung ausgeschrieben. In Zusammenarbeit mit dem Landeskriminalamt Vorarlberg sowie der Schweizer Kantonpolizei St. Gallen konnte seine Identität in weiterer Folge rasch und zweifelsfrei geklärt werden. Der Mann war kein Opfer, sondern ein kaltblütiger Mörder, der wenige Stunden zuvor aus dem Gefängnis in St. Gallen geflüchtet war.

Wie das passieren konnte? Der aus der Slowakei stammende Mann war wegen Mordes an einem Schweizer Geschäftsmann zu 17 Jahren Zuchthaus verurteilt worden. Seit nunmehr drei Jahren befand er sich in St. Gallen in Haft. Da er sich in dieser Zeit unauffällig verhielt, wurde er – wegen guter Führung – mit Arbeiten außerhalb seiner Zelle betraut. Am frühen Freitagmorgen konnte er vom vierten Stockwerk durch eine Öffnung im Dach ins Freie gelangen. Diesen Fluchtweg hatte er bereits Tage davor vorbereitet. Sein Plan war, sich mit zusammengeknoteten Bettlaken vom Dach abzuseilen. Da diese allerdings zu kurz bemessen waren, ließ er sich aus einigen Meter Höhe auf das Flugdach eines Autounterstandes fallen. Laut Schweizer Polizei durchschlug er das Eternitdach und landete mit voller Wucht auf einem parkenden Auto.
Trotz starker Prellungen rappelte er sich wieder auf und hatte nur ein Ziel vor Augen: Die Schweiz so schnell wie möglich zu verlassen. Von St. Gallen sind es etwa 20 Kilometer bis zur österreichischen Bundesgrenze. Das war zu schaffen. Die letzte Etappe und finale Herausforderung seiner Flucht war am Ende das Durchschwimmen des Rheins. Auch diese Hürde wurde gemeistert. Nun hatte er österreichisches Staatsgebiet erreicht. Mittels Linienbus gelangte der flüchtige Mörder anschließend nach Bregenz.
Ein einziges Detail hatte der Mann allerdings bei seiner ansonsten filmreifen Flucht nicht bedacht: Die eiskalte Wassertemperatur des Rheins. Letztlich suchte er aufgrund von starker Unterkühlung Zuflucht in der Polizeiinspektion Bregenz und tischte uns das Märchen vom Raubüberfall auf. Uns war ein in jeder Hinsicht eiskalter Fisch ins Netz gegangen.

Günther Köberl
Gruppeninspektor i. R.

Landespolizeikommando Steiermark
Bundespolizeidirektion Leoben

Die Zusammenführung

Der Mann wirkte unschlüssig, man möchte fast sagen verstört. Er stand ein wenig im Abseits, in sicherer Entfernung zu den anderen Menschen. Er war offensichtlich allein unterwegs. Hier am Leobener Bahnhof hatte man den älteren Herrn jedenfalls noch nie gesehen. Durch sein etwas auffälliges Verhalten zog er die Aufmerksamkeit eines Passanten auf sich. Sicherheitshalber erstattete der Mann Meldung beim zuständigen Wachzimmer der Bundespolizeidirektion Leoben. Ich hatte gerade Dienst und begab mich zum besagten Ort.
Dort angekommen, stach mir der Mann sofort ins Auge. Mit suchenden Blicken stand er in der Wartehalle und schien orientierungslos. Ich ging auf ihn zu und bot ihm meine Hilfe an. Statt zu antworten, begann der Mann nervös zu gestikulieren. Seine Reaktion war gleichzeitig auch die Erklärung für sein ungewöhnliches Verhalten: Der Mann war gehörlos. Ich gab ihm zu verstehen, mit mir auf die Dienststelle zu kommen. Dort recherchierte ich sowohl in meinem Bekanntenkreis als auch im beruflichen Umfeld nach einem der Gebärdensprache kundigen Menschen. Nach etlichen Telefonaten konnte ich bei der Stadtfeuerwehr Leoben eine Frau ausfindig machen, die sich auf diese Art der Kommunikation

verstand. Wenig später erschien sie auf unserem Wachzimmer. Nachdem sich die beiden einige Minuten miteinander verständigten, war auch das Anliegen des gehörlosen Mannes geklärt. Er war aus Oberösterreich angereist, um eine Frau ausfindig zu machen, die er vor einigen Jahren flüchtig kennen gelernt hatte. Er wusste nur, dass sie im Bezirk Leoben wohnte und ebenfalls gehörlos war. Nähere Informationen waren ihm leider nicht bekannt. Mag sein, dass es an der vorweihnachtlichen Stimmung lag, dass er plötzlich das Bedürfnis verspürte, sie wiederzusehen.

Der Zufall wollte es, dass ich die von ihm beschriebene und gesuchte Frau kannte. Sie wohnte in meinem Heimatort St. Michael. Somit stand der Zusammenführung nichts mehr im Wege. Bis zum heutigen Tag denke ich oft und gern an diese Begebenheit. Gerade in der Weihnachtszeit ist es schön, wenn ein Wunsch in Erfüllung geht. Freude ist letztendlich eine Sprache, die alle Menschen verstehen.

Werner Forstner
Revierinspektor

Landespolizeikommando Salzburg
Polizeiinspektion Hallein

Tierische Rettungsaktionen

Den Anruf, „ein Widder irrt auf der Bundesstraße umher“, nahmen wir noch nicht ganz ernst. Die nahezu panische Meldung, er „habe schon fast einen Verkehrsunfall herbeigeführt!“ erreichte uns kurz vor Ort. Und tatsächlich: Als wir eintrafen, stand mitten auf der Straße ein prächtiger, wenngleich offensichtlich verletzter und verängstigter Widder. Um das Tier nicht noch mehr zu verschrecken oder neuerlich zu verjagen, näherten wir uns möglichst langsam.
Als wir uns in unmittelbarer Reichweite befanden, wurde dem nicht gerade wohlriechenden Bock – unter tunlichster Kontaktvermeidung – eine Hundeleine angelegt. Zugegebenermaßen ein Bild für Götter: Zwei Uniformierte mit einem Widder an der Leine! Wir wussten nicht so recht, wie uns geschah. Man kann von Glück reden, dass in diesem Moment kein Fotograf in der Nähe war.
Einzige Augenzeugen dieser Aktion waren einige Kinder, die sich gerade am Schulweg befanden und wie aus einem Mund „der Josef, der Josef!“, riefen und damit den Bock an unserer Seite meinten. Nun konnte zumindest der Besitzer eruiert werden. Für das Tier kam aber leider dennoch jede Hilfe zu spät. Der Widder sollte aufgrund seiner Verletzungen den nächsten

Tag nicht mehr erleben. Einziger Trost: Autofahrer kamen bei diesem Unternehmen nicht zu Schaden und Bock Josef blieb in unserem Revier der bis dato erste und gleichzeitig letzte amtlich bestätigte Widder an der Hundeleine.

Dass sich manche Tiere allerdings im vorauseilenden Gehorsam an verkehrstechnische Sicherheitsvorkehrungen halten, beweist folgende Geschichte:

Im Rahmen einer nächtlichen Streifenfahrt weckte ein Igel unser Erstaunen, der sich wild entschlossen unserem Dienstfahrzeug näherte. Trotz Scheinwerferlicht machte er keinerlei Anstalten, die Richtung zu ändern oder die Straße sicherheitshalber zu verlassen. Verblüfft über dieses untypische Verhalten, hielten wir an und nahmen den Igel genauer unter die Lupe. Nun war auch sofort der Grund für sein waghalsiges Benehmen klar: Schuld war ein unfreiwillig erworbener „Helm"! Das Tierchen hatte sich scheinbar irgendwo über den Abfall hergemacht und war dabei auf einen Joghurt-Becher gestoßen. Um an den restlichen süßen Inhalt zu gelangen, steckte er seinen Kopf offenbar soweit in den Becher hinein, dass er sich mit seinen Stacheln an dem nicht gänzlich entfernten Deckel verhakte. Behelmt, aber seiner Sicht beraubt, irrte das Stacheltier nun umher. Da diese „Sicherheitsvorkehrung" zwar löblich, aber alles andere als bindend in der Straßenverkehrsordnung verankert ist, befreiten wir den Igel von seinem „Helm" und ließen ihn munter auf freiem Fuß laufen.

Gerhard Hütmeyer
Gruppeninspektor

Landespolizeikommando Oberösterreich
Polizeiinspektion Kremsmünster

Ausflug in die Freiheit

Im Wilden Westen mag der Sheriff frei laufende Rinder gewohnt sein. Die Ordnungshüter von Kremsmünster staunten hingegen im Mai 2006 nicht schlecht, als ihnen auf einer nächtlichen Streife in der Nähe einer Kreuzung in Nußbach (Bezirk Kirchdorf/Krems) ein Jungrind entgegen kam. Kurz zuvor hatte ein Bauer aus dem Nachbarort Pfarrkirchen den Stier neben der Wartberger Landesstraße entdeckt und Meldung erstattet.

Gemeinsam mit dem Landwirt suchten die Polizisten nun sämtliche Bauernhöfe in der Umgebung auf und fragten, ob ein Jungrind vermisst werde. Rund ein halbes Dutzend Rinderbauern wurde befragt, der junge Wiederkäuer ging aber niemandem ab.

Tags darauf, um 5 Uhr Früh, wurde das verirrte Jungrind von der Sektorstreife „Kremsmünster I" erblickt. Über eine Verkehrsdurchsage am Sonntagmorgen in Radio Oberösterreich wurde die Bevölkerung auf den streunenden Jungstier aufmerksam gemacht. Vorsicht war schließlich geboten.

Dank dieser Warnung konnte noch am selben Tag der Nußbacher Bürgermeister als Besitzer des verirrten Rindviehs ausgeforscht werden. Jedoch war in der Zwischenzeit das Jungrind

wieder spurlos verschwunden … „Du kannst ihn doch nicht mit dem Lasso einfangen, wie man's im Wilden Westen sieht. Das ist nicht so einfach in der freien Natur", schmunzelte der Besitzer des abtrünnigen, aber bis dahin stets friedlichen Stiers. Doch davon war in diesem Moment ohnedies keine Rede, zumal das vier Monate alte Tier seinen Freiheitsdrang sichtlich in vollen Zügen genoss. An den darauf folgenden Tagen wurde der Ausreißer gleich mehrmals im Umkreis von fünf Kilometern auf seiner Wanderschaft gesehen.
Dass sich die Kremsmünsterer Polizei letzten Endes doch nicht in Lassowerf-Künsten erproben musste, hatte einen einfachen Grund: Der Hunger trieb den jungen Stier in den Stall eines benachbarten Bauern, der über die Abgängigkeit des Rindes bis dato allerdings nicht informiert war. Und weil Nußbach nun einmal nicht im Wilden Westen liegt, freute sich der Nachbar des Bürgermeisters nicht heimlich über ein zusätzliches Stück Vieh im Stall, sondern ließ den Besitzer des zugelaufenen Stiers über die Ohrmarke des Rindes ausforschen.
Einen Erfolg hatte der Stier allerdings in jedem Fall zu verbuchen: Sein Ausflug in die Freiheit sicherte ihm das Weiterleben. Er wurde nicht geschlachtet, sondern ab sofort als Mastvieh gehalten. Und so steht der mittlerweile kräftige Bulle nach wie vor – jedoch gut verwahrt – in seinem Stall im Kremstal. Das hat er sich verdient.

Johann Jäger
Oberst i. R.

Bezirksgendarmeriekommando Zell am See

Haus am Stein

Die Nacht war tiefschwarz. Eine jener, in denen das Verbrechen besonders gut gedeiht. Selbst die schmale Sichel des Mondes hatte sich ängstlich hinter einer Wolke versteckt, ganz so, als wollte sie nicht mit ansehen, was sich auf Mutter Erde ereignen würde.

Frau Luise – eine ehemalige Hotelbesitzerin – bewohnte ihr riesiges Anwesen, das sogenannte „Haus am Stein“, ganz allein. Wie jeden Abend saß die alte Dame auch heute im Lehnstuhl beim Fernsehen. Sie hatte ein ausgesprochenes Faible für Krimis und Horrorfilme, obgleich ihr bewusst war, dass es ihr zusehends schwerer fiel, Realität und filmische Fiktion exakt auseinander zu halten. Kam es zu dieser Vermischung von Sein und Schein, setzten furchtbare Ängste ein.

Und nun war es wieder einmal so weit. Während im TV-Krimi gerade der Mörder in Erscheinung trat, ins Haus eindrang, durch dunkle Gänge tappte und näher und näher kam, verlor Frau Luise die Nerven. Unter Aufbietung ihrer letzten Willenskraft stemmte sie sich empor, eilte zum Telefon und wählte jene eingespeicherte Nummer, die in letzter Zeit zur wichtigsten in ihrem Leben geworden war.

„Polizeiinspektion! Notruf!“

„Hallo! Hier ist Frau Luise vom Haus am Stein."
Kurzes Schweigen.
„Oh Gott", dachte Inspektor Berger, „schon wieder die Frau Luise vom Haus am Stein. Uns bleibt doch nichts erspart! Bin neugierig, was sie uns heute Abend wieder aufzutischen hat."
„Ja, Frau Luise, was gibt's?", fragte er spitz.
„Herr Inspektor", begann sie zu flüstern, „vor meinem Haus sind Einbrecher oder Räuber oder gar Mörder, so genau weiß ich das nicht. Bitte schicken Sie sofort die Funkstreife!"
„Frau Luise! Diese Woche rufen Sie schon zum dritten Mal an. So geht das nicht weiter!"
„Aber da sind beängstigende Geräusche." *Ton und Lautstärke ihrer Stimme wurden zusehends schriller.* „Ehrlich, Herr Oberinspektor, da ist etwas im Gange. Ich schwöre es! Bitte kommen Sie schnell! Es geht um Leben und Tod!"
Der nunmehr ausgesandte Funkspruch erreichte die Streifenbeamten Viertler und Macho.
„Einsatz im Haus am Stein!?"
Ohne Zweifel, diese Anweisung stellte ein Ruf- und ein Fragezeichen gleichzeitig dar. Den beiden Männern war klar, dass dies kein echter Einsatz werden würde, sondern einer der „scheinbaren Art" und in Wahrheit nur dem Smalltalk diente. Jeder von ihnen hatte diesbezüglich bereits reichlich Erfahrungen gesammelt, und in letzter Zeit des Öfteren mindestens eine halbe Stunde des Nachtdienstes bei der alten Dame verbracht. Alle auf der Polizeiinspektion wussten, dass an dieser Art Notruf nie etwas dran war. Außer Frau Luises Angst, die jedes Mal zeitgleich mit dem Eintreffen der Funkstreife einer großen Erleichterung wich.
Und man konnte sich beim „Einsatz im Haus am Stein" auch stets auf das gleiche Ritual verlassen: Zuerst bat Frau Luise die

Polizisten, in den voluminösen braunen Polstersesseln Platz zu nehmen, danach drängte sie ihnen den obligatorischen Eierlikör und diverse Süßigkeiten und Kekse auf. Ab diesem Zeitpunkt wirkte die alte Dame geradezu glücklich über die Anwesenheit der bewaffneten Staatsgewalt, von der sie so bravourös beschützt wurde.

Fairerweise muss man allerdings dazu sagen, dass Frau Luise für ihr Alter noch sehr rüstig und robust war und ihren Lebensabend nach wie vor allein zu bewältigen wusste. Vorschläge, ob es nicht ratsamer sei, einen Aufenthalt in einem Pensionistenheim ins Auge zu fassen, wurden stets empört zurückgewiesen. Lieber wohnte sie Tag für Tag und Nacht für Nacht einsam und verlassen in ihrem ehemaligen Hotel.

Schon allein deshalb brachte es niemand von uns übers Herz, nicht wenigstens ein halbes Stündchen bei der Frau zu verweilen; vorausgesetzt natürlich, dass der Dienstplan des jeweiligen Abends dies erlaubte. Und während Frau Luise ihre Fantasiegeschichten auftischte, war da stets dieses leicht verschmitzte Lächeln um ihre Mundwinkel, sodass man nie ganz sicher sein konnte, ob sie ihre Schilderungen tatsächlich selbst glaubte oder nur flunkerte.

Kurzum: Nun war wieder einmal „Einsatz“ im Haus am Stein angesagt, und da im Moment nichts Wichtigeres anstand, machten sich Viertler und Macho unter dem Motto „Bürgerservice“ auf den Weg.

Sie fuhren los. In mäßigem Tempo. Eile war in diesem Fall bei Gott nicht angebracht. Beim Einbiegen in den schmalen, teilweise bereits mit Gras bewachsenen Schotterweg, der zu Frau Luises Haus führte, hatte Kollege Macho aus alter kriminalistischer Gewohnheit auf Stadtlicht abgeblendet.

Zur großen Überraschung der beiden Polizeibamten parkte

unmittelbar nach der Kurve in der Ausweichspur ein Cabrio. Sofort schaltete Kollege Macho auf Fernlicht, ging aber reflexartig wieder auf Abblendlicht zurück, als er realisierte, was sich vor ihnen wie auf einer Bühne abspielte …
Diskret fuhr er, ohne anzuhalten, weiter.
Im offenen Cabriolet saß ein spärlich bekleidetes Paar. Die Aktion war eindeutig, wenngleich die beiden Hauptdarsteller nun schnell ihre Gesichter tief in die Sitze drückten, um nicht erkannt zu werden.
„Wie schön muss Liebe unter freiem Himmel sein? Eigentlich ein Wunder, dass es vergleichsweise wenige Kinder gibt, bei dem Stoßverkehr, der sich nächtens hier so abspielt", meinte Macho und lachte. Derlei Situationen sind bei Nachtdiensten nämlich alles andere als ein Einzelfall – sie geschehen am laufenden Band.
„Wenn du schon so diskret bist und vorbei fährst", meinte Viertler mit leichtem Tadel in der Stimme, „solltest du dir wenigstens die Kennzeichennummer merken. Falls vielleicht doch etwas faul ist an der Sache. Man weiß ja nie."
Macho lachte kurz auf. Er hatte nicht nur den Verdacht, sondern wusste genau, wem dieses auffällige Cabrio gehörte und wunderte sich bloß ein wenig über den Mut eines so offen zur Schau gestellten Seitensprungs. Als das Kennzeichen des Cabrios vorschriftsmäßig samt Datum, Uhrzeit und Ort der Wahrnehmung notiert war, stiegen die beiden Polizisten aus.
Luises Haus am Stein stammte aus der Gründerzeit und lag direkt am Berg, etwa hundert Meter von einer verwilderten Fichtenhecke entfernt. Hier war Natur pur. An sich ein herrlicher Platz. Anders als in Luises düsterer Welt hatte dieses Fleckchen Erde durchaus auch seine idyllischen Seiten: Man roch intensiv den nahen Wald, hörte die nächtlichen Geräu-

sche der Natur und sah hinter den aufsteigenden dunstigen Schwaden, die sich im Wasser spiegelnden Lichter der tiefer gelegenen Stadt Zell am See.
Macho und Viertler stiegen die Außenstufen zu Luises Haus empor.
„Okay“, meinte Macho und drückte auf den Klingelknopf, der angesichts der schwachen Außenbeleuchtung kaum zu finden war.
Die Klingel schepperte lautstark im Flur.
„Wer ist bitte da?“
„Polizei.“
Die Tür wurde unverzüglich einen Spalt breit geöffnet.
Als Frau Luise die Uniformierten sah, stieß sie einen Seufzer der Erleichterung aus. In ihrer Angst hatte sie schon sehnsüchtig auf das Eintreffen der Streifenbeamten gewartet.
Dieses Mal dauerte der Einsatz etwas länger als eine halbe Stunde und konnte nur unter größter Mühe beendet werden. Immer wenn die Männer aufbrechen wollten, hatte Frau Luise neue Details zu berichten und andere Köstlichkeiten anzubieten.
Auf der Rückfahrt machten die beiden Polizisten noch einmal einen kurzen Zwischenstopp, um zu erkunden, ob das Cabrio noch am selben Platz stand. Aber mittlerweile war das Fahrzeug samt Insassen verschwunden. Es war stockdunkel und ruhig. Einzig das Zirpen der Grillen sowie die Laute einiger Waldvögel durchbrachen bisweilen die Stille.
Wieder in ihrem Funkwagen sitzend, reflektierten Viertler und Macho ihre heutige Begegnung mit Frau Luise. Im Grunde glich sie exakt allen vorangegangenen. Wie immer ging es schlichtweg um das Spenden von Aufmerksamkeit. Und das alte Sprichwort des viel zitierten „Freund und Helfers“ dürfte

eindeutig von derlei Begebenheiten stammen und nicht von den großen Schlachten gegen das Verbrechen, die man entweder verlor oder siegreich beendete. Nein! Eher von diesen kleinen Zuwendungen und Hilfen. Tausenden pro Tag, bei denen Polizisten zu unwichtig scheinenden Terminen fahren und geduldig zuhören.

Christian Kastberger
Abteilungsinspektor

Landespolizeikommando Salzburg
Polizeiinspektion Lamprechtshausen

Drama trotz Lebensrettung

„PKW rast über Bootsrampe und versinkt im Wallersee" – als uns dieser Notruf via Funk erreichte, waren mein Kollege und ich gerade unweit vom See entfernt. Sofort fuhren wir mit Blaulicht und eingeschaltetem Folgetonhorn zum Yachtclub, der sich unmittelbar neben dem Strandbad befindet.

Wir schreiben den 23. November. Ein schöner Spätherbsttag, an dem sich binnen weniger Sekunden ein folgenschweres Drama entwickelte.

Als wir knapp zwei Minuten später am Einsatzort eintrafen, hatte sich am Seeufer bereits eine kleine Menschenmenge versammelt. Alle Passanten blickten in dieselbe Richtung, nämlich über die äußerste Begrenzung des Bootsstegs hinweg, wo in etwa 20 bis 30 Meter Entfernung nur noch das Blechdach eines roten Autos beziehungsweise dessen geöffnete Dachluke sichtbar war.

Zu diesem Zeitpunkt hatte der See lediglich fünf Plusgrade. Wir durften keine Sekunde verlieren. Mein Kollege und ich entdeckten am Ufer des Yachtclubs ein Ruderboot. So schnell wir konnten, ruderten wir los. Nach 50 Metern bemerkten wir ein fünf Zentimeter großes Leck in unserer Nussschale. Um die Menge des eindringenden Wassers zu verringern, hielt

mein Kollege kurzerhand seinen Fuß auf die undichte Stelle und wir ruderten weiter mit voller Kraft voraus. In der Zwischenzeit hatte einer der Passanten ebenfalls die Initiative ergriffen und folgte uns in einem anderen Ruderboot.
Als wir das bis zur Dachkante versunkene Auto erreicht hatten, sprang ich gemeinsam mit dem spontan zu Hilfe eilenden Mann in den eiskalten See. Innerhalb kürzester Zeit gelang es uns, alle vier Fahrzeuginsassen aus dem sinkenden Auto herauszuziehen: Ein Mann, eine Frau und zwei Kinder im Alter von drei Jahren und knapp einem Jahr. Frau und Kinder mussten nach der Bergung noch während der Bootsfahrt reanimiert werden. Wir waren total durchnässt und unterkühlt. Aber in einer solchen Situation nimmt man diese Dinge nicht wahr. Man blendet alles aus. Wir hatten nur eines im Sinn: diesen Menschen zu helfen. Und letztendlich war es ein herrliches Gefühl, vier Menschenleben gerettet zu haben. Als Anerkennung wurden mein Kollege, der couragierte Passant und ich vom Landeshauptmann mit der Lebensrettungsmedaille ausgezeichnet.
Im Rahmen der Zeugenbefragungen stellte sich dann heraus, dass es sich um eine Familie indischer Herkunft handelte. Die Eheleute lebten bereits seit einiger Zeit getrennt. Die Frau hatte mit ihren beiden Kindern Zuflucht in einem Frauenhaus gesucht. Nun fällte sie den Entschluss, ihren Mann endgültig zu verlassen. In seiner Verzweiflung raste der Mann nun mit Selbst- und Fremdtötungsabsicht über die Bootsrampe. Zuvor hatte er noch sämtliche Autofenster geöffnet, damit das Wasser möglichst schnell in das Fahrzeuginnere fließen kann.
Doch nun waren alle gerettet. Für die Familie ging das Drama allerdings weiter. Nachdem das Gericht den Fahrzeuglenker wegen dreifachen Mordversuchs zu 18 Jahren Haft verurteilt

hatte, nahm sich der Mann kurze Zeit später aus Verzweiflung das Leben.
Mehrere Jahre vergingen, nicht aber der Schmerz der Frau. Sie wurde mit der Situation einfach nicht fertig und warf sich eines Tages vor den Zug. Nach ihrem Suizid wurden ihre beiden Kinder in einem Pflegeheim aufgenommen.
Ein Drama ohne Ende, und ein Tag, den ich nie vergessen werde.

Wolfgang Bachkönig
Kontrollinspektor

Landespolizeikommando Burgenland
Eisenstadt

Schnapsideen

Die nordburgenländische Gemeinde Halbturn liegt am Rande des Nationalparks Neusiedlersee-Seewinkel und hat ungefähr 1.800 Einwohner. Die Entfernung bis zum ehemaligen Eisernen Vorhang beträgt etwa 1.500 Meter. Zu Zeiten des Kalten Kriegs war dieser Grenzabschnitt deshalb einzigartig, weil man teilweise mit freiem Auge das dörfliche Leben in der ungarischen Grenzgemeinde Albertkázmérpuszta beobachten konnte. Selbstverständlich war dieses Dorf militärisches Sperrgebiet, und der Bevölkerung war es streng untersagt, sich in unmittelbarer Nähe des Stacheldrahtzauns aufzuhalten. Dennoch war dieser Grenzstreifen auf österreichischer Seite über Jahrzehnte ein begehrter Anziehungspunkt für Touristen, die einen kurzen Blick in den „anderen Teil der Welt“ werfen wollten. Unzählige Fotos wurden im Lauf der Jahre aus dieser grenznahen Perspektive geschossen.

Wenn vom Eisernen Vorhang die Rede ist, denkt man zwangsläufig an dramatische Ereignisse, bei denen Menschen verschleppt, interniert, verletzt oder gar getötet wurden. Doch trotz aller Tragik gab es auch Geschichten zum Schmunzeln.

Schnee und Alkohol als „Glücksbringer"

Mit reichlich Alkohol im Blut verlor ein Lenker Anfang der 1970er Jahre gegen 20.30 Uhr die Orientierung. Anstelle heimwärts nach Wien zu fahren, nahm er die falsche Abzweigung und fuhr unbekümmert in Richtung ungarische Grenze. An diesem Märztag herrschten tiefwinterliche Bedingungen. Was Autofahrern normalerweise zum Verhängnis werden kann, rettete diesem Alkolenker aber vermutlich das Leben: Unmittelbar vor dem Stacheldraht blieb der Wiener mit seinem Fahrzeug in einer Schneewechte stecken. Da es ihm nicht gelang, sein Fahrzeug aus dieser misslichen Lage mithilfe des Gasspiels zu befreien, stieg der Mann aus dem Auto aus. Als er in der Nähe Lichter entdeckte, ließ er den PKW zurück und machte sich unerschrocken auf den Weg zu den beleuchteten Häusern. Angesichts seines schwer beeinträchtigten Zustands war ihm die Tragweite seines Handelns absolut nicht bewusst. Ebenso wenig wie die Tatsache, dass er österreichisches Hoheitsgebiet bereits verlassen hatte und sich auf militärischem Sperrgebiet befand. Mit anderen Worten: Eine Schnapsidee, die allerdings nicht lang unbemerkt blieb. Sofort waren ungarische Grenzsoldaten zur Stelle, die den angeheiterten Herrn zum Verhör ins Landesinnere brachten. Erst am frühen Nachmittag des folgenden Tages wurde der nunmehr soweit ausgenüchterte Mann den österreichischen Behörden übergeben.
Kaum vorstellbar, was passiert wäre, wenn der Lenker in den Grenzzaun oder Minengürtel gerast wäre. Oder wenn er, um zu den beleuchteten Häusern zu gelangen, über den Stacheldraht geklettert wäre. Kurzum: Schnee und Alkohol haben diesem Mann wahrscheinlich das Leben gerettet.

Die „Fleißaufgabe“

Man schrieb das Jahr 1991. Der Grenzzaun hatte zwar seinen Schrecken immer noch nicht ganz verloren, doch er wies bereits viele Lücken auf. Die Patrouillentätigkeit auf ungarischer Seite hatte deutlich nachgelassen. Ein Überschreiten der sogenannten „Grünen Grenze“ war vor allem den Sicherheitsorganen beider Länder, ohne größeres Aufsehen zu erregen, möglich.

Am 15. Oktober ereignete sich folgendes Szenario: Ein ungarischer Grenzsoldat hatte zu viel Tokajer getrunken und infolge der sich nunmehr „zu schnell drehenden Erdkugel“ die Orientierung verloren. Aus diesem Grund nahm er seinen Dienst besonders ernst und erweiterte eigenmächtig seinen Zuständigkeitsbereich. Als er in voller Montur – also bewaffnet und in Uniform – auf österreichischem Staatsgebiet patrouillierte, wurde er kurz darauf von Soldaten des Österreichischen Bundesheeres angehalten. Völlig desorientiert und lallend gab der Ungar zu verstehen, dass er lediglich seine Arbeit verrichte und schließlich für die Grenzsicherung zu sorgen hätte. Dass er sich in Österreich befinde, sei für ihn kein Problem.

„Die gut gemeinte Nachbarschaftshilfe“ musste aber dennoch dankend abgelehnt, der Grenzwachebeamte festgenommen und den ungarischen Behörden übergeben werden.

Erwin Scheidl
Abteilungsinspektor

Landespolizeikommando Niederösterreich
Polizeiinspektion Gresten

A Schanti

In Zeiten, als es auf dem Lande noch die Gendarmerie gab, wurden die Beamten von der Bevölkerung gern als „Schantinger" tituliert. War ein Beamter beispielsweise auf Patrouille, sprach sich das – nicht zuletzt in Wirtshäusern – blitzschnell herum und es hieß: „Aufpassen! A Schanti ist unterwegs!" Kurzum, der Begriff war gang und gäbe und jeder im Dorf wusste, wer damit gemeint war.
Zu besagten Gendarmeriezeiten hatte ich Ermittlungen durchzuführen, im Rahmen derer auch eine Dame aus Ghana einvernommen werden musste. Da sich die Frau außer in ihrer Muttersprache weder auf Deutsch noch auf Englisch verständigen konnte, musste ihr Ehemann als Dolmetsch fungieren. Er konnte Englisch und unsere Fragen somit übersetzen.
Nachdem Satz für Satz vom Deutschen ins Englische und dann in die Muttersprache der Dame übersetzt und rückübersetzt wurde, wollte ich schlussendlich wissen, wie denn deren Muttersprache heißt. Mit sichtlicher Freude und Stolz erklärte mir der Mann, dass er und seine Gattin zur Ethnie der Ashanti gehören und ihre Muttersprache demzufolge Ashanti sei.
Als ich dies hörte, schienen alle Sprachbarrieren vergessen, zumal die Verlockung einfach zu groß war, dieses Völker ver-

bindende Detail ins Spiel zu bringen. Spontan meinte ich: „Das ist aber interessant! Ich bin a Schanti, aber Ashanti spreche ich nicht.'

Nun war der Bann der bis dahin hoch konzentrierten Stimmung gebrochen. Meine anwesenden Kollegen amüsierten sich königlich über dieses Wortspiel, das ich nun mit allen mir möglichen Mitteln zu übersetzen versuchte. Ob letztendlich sämtliche Sprachhürden gemeistert wurden, um die Situationskomik für alle Ohren verständlich zu machen, bleibt indessen bis heute ein ungelöstes Rätsel.

Richard Lux-Rubenser
Gruppeninspektor

Polizeidiensthundeeinheit
Diensthundeinspektion Wien-West

Peter und Paul

Es ist Frühling, aber die Sonne hat heute gegen die dichte Wolkendecke keine Chance. Es ist windig und kalt. Ich bin mit meinem Kollegen auf Streife. Im Streifenwagen versteht sich. Es ist schon Nachmittag. Bisher ist nichts wirklich Aufregendes passiert.

Plötzlich sehen wir einen nigelnagelneuen BMW X5 auf uns zukommen – ohne Kennzeichentafel; vorne zumindest. Er biegt in eine Tankstelle ein. Auch am Fahrzeugheck ist keine Kennzeichentafel montiert. Ergo: Kontrolle ist angesagt. Direkt hinter dem BMW fährt auch ein Jeep Cherokee in die Tankstelle ein. Gleich dahinter wir.

Der BMW fährt zwischen den Tanksäulen durch und umrundet das Tankstellengebäude. Wir hinterher. Mit eingeschaltetem Blaulicht. Der Kerl bleibt aber nicht stehen. Wir haben das Tankstellengebäude schon fast umrundet, als uns der Jeep entgegenkommt. Nun wird der Platz eng, alle drei Autos halten an.

Ich steige aus dem Streifenwagen und gehe auf den BMW zu. Der Typ aus dem BMW steigt auch aus. Er sieht nicht aus wie jemand, der sich einen X5 leisten kann. Ein 70.000-Euro-Auto! Er ist ungefähr eins siebzig groß, trägt eine Arbeitshose,

einen verwaschenen blauen Parka und eine ebenso ausgebleichte Baseballkappe. Unter der Baseballkappe lugt struppiges braunes Haar hervor. Er trägt einen Schnauzbart und seine Bartstoppel sind mindestens drei Tage alt. Seine Hände sind schmutzig und ölig, wie die eines Automechanikers. Ich fordere ihn auf, mir seinen Führerschein und die Fahrzeugpapiere zu zeigen. Er hat weder das eine noch das andere parat. Gleichzeitig werfe ich einen Blick auf den Jeep und bekomme ganz große Augen. Was ich da sehe, lässt mich kurzfristig an meiner Sehkraft zweifeln. Der gleiche Typ, der soeben aus dem X5 gestiegen ist, kommt jetzt auch aus dem Jeep. Ebenso in Arbeitshose, verwaschenem Parka und Baseballkappe. Einziger Unterscheid: Sein Parka dürfte irgendwann einmal rot gewesen sein. Aber ansonsten gleichen die beiden einander wie das berühmte Ei dem anderen.
Verwirrt schaue ich von einem zum anderen. Typisch Polizist verlange ich auch vom Jeep-Fahrer die Dokumente. Er kann alles vorweisen; heißt Peter Klein. Wie nicht anders zu erwarten, handelt es sich um Zwillinge. Zwillinge namens Peter und Paul Klein. Der Sachverhalt mit dem kennzeichenlosen BMW wird von den beiden sofort erklärt: *Neuwagen aus Salzburg. Wurde auf dem Truck überstellt. Dabei schmutzig geworden. Deshalb noch rasch vor der Auslieferung an den Kunden eine Wäsche bei der nächsten Tankstelle. Leider die Montage der Probefahrtkennzeichen vergessen.* So weit so gut. Aber die beiden können keinerlei Papiere vorweisen, die diese Version bestätigen. Paul hat nicht einmal seinen Führerschein, geschweige denn einen anderen Ausweis dabei.
Also musste der Sachverhalt über Funk überprüft werden. Mit dem Ergebnis: Paul hat keinen Führerschein. Sofort herrscht bei den beiden große Aufregung. Natürlich besitze er einen

Führerschein, das müsse ein Irrtum sein usw. usw. Erst nachdem sich die Brüder etwas beruhigt hatten, lässt sich in Erfahrung bringen, dass Pauls Führerschein noch auf seinen früheren Namen ausgestellt ist: Paul Klein-Herzig. Herzig war der ursprüngliche Familienname, also quasi sein „Mädchenname". Erst als Peter heiratete, kam der Name seiner Frau, nämlich Klein, ins Spiel. Peter führte ab sofort den Doppelnamen Klein-Herzig. Paul, sein Zwillingsbruder, wollte jedoch auch weiterhin genau so heißen wie sein Bruder und änderte kurzerhand seinen Namen ebenfalls auf Klein-Herzig.
Doch damit nicht genug. Eines Tages kam es wegen Untreue des Vaters zur Scheidung ihrer Eltern. Beide Söhne wollten nicht mehr den Namen des treulosen Vaters führen und ließen das „Herzig" aus ihren Namen tilgen. Kurzum: Man einigte sich auf Peters „angeheirateten" Namen. Auch nicht schlecht. Dieser Umstand wurde aber der zuständigen Behörde nicht mitgeteilt.
Nun musste also abermals eine Führerscheinanfrage durchgeführt werden. Diesmal unter dem Namen Paul Klein-Herzig. Wieder negativ. Jetzt werde ich schön langsam grantig und komme mir verarscht vor. Das lasse ich die beiden auch wissen. Aber sie insistieren weiter. Wahrscheinlich wird man erst fündig werden, wenn man unter Paul Peter Klein-Herzig nachfragt. Paul Peter Klein-Herzig? Ja, denn aus gegenseitiger Loyalität haben sie nicht nur ihren Familiennamen geändert, sondern im Zuge der Namensänderung auch jeweils den Vornamen des Bruders dem eigenen Namen hinzugefügt. Paul Peter Klein-Herzig und Peter Paul Klein-Herzig!
Ich stelle nochmals Funkkontakt her. Der Kollege am Funk wirkt mittlerweile etwas konsterniert. Kein Wunder auch, schließlich klingt via Äther alles noch viel komplizierter, als es

tatsächlich ist. Letztendlich wird die angeforderte Anfrage durchgeführt – und siehe da: unter Paul Peter Klein-Herzig scheint tatsächlich eine Lenkberechtigung auf.
Die Angelegenheit mit dem kennzeichenlosen BMW wird anschließend beim Autohändler – der etwa hundert Meter entfernt ist – geklärt. Eigentlich wäre jetzt eine Anzeige fällig. Von wegen Führerschein vergessen und ohne Taferln beziehungsweise Zulassung auf öffentlichen Straßen unterwegs sein – auch wenn's nur hundert Meter sind. Aufgrund der familienpsychologischen Gegebenheiten verzichte ich aber darauf und weise Peter und Paul lediglich darauf hin, dass sie sich dank meiner Nachsichtigkeit eine Menge Geld ersparen.
Nun haben die beiden allerdings eine Frage an mich: Wie ich es geschafft hätte, sie während der ganzen Zeit kein einziges Mal zu verwechseln – immerhin benötigten wir etwas mehr als eine halbe Stunde, um alle Unklarheiten aufzuklären? Das schafft sonst niemand. Nicht einmal Freunde, die sie schon jahrelang kennen. Manchmal werden sie sogar von der eigenen Mutter verwechselt „Ganz einfach", sage ich, „Paul ist der mit der ‚plauen' Jacke."

Alois Fürnkranz
Gruppeninspektor

Bundespolizeidirektion Wien
Polizeianhaltezentrum Rossauer Lände

Notruf 133

Zigtausende Male hat in meiner mehr als 20-jährigen Tätigkeit am Notruf das Telefon geläutet. So gut wie nie gab es etwas zum Schmunzeln. Umso lebhafter ist mir folgender Anruf in Erinnerung geblieben:

„Polizeinotruf, bitte."

Der Anrufer meldet sich mit Namen und Adresse.

„Ich hätte nur eine Frage. Ich wurde vor einigen Tagen geschieden und meine Ex-Frau hat noch den Schlüssel zu meiner Wohnung. Ich hab' Angst, dass sie Sachen aus meiner Wohnung holt. Darf ich ein neues Schloss montieren?"

„Wenn die Wohnung Ihnen gehört, dann interessiert es die Polizei nicht, ob Sie ein neues Schloss montieren, die Tür zumauern oder zuschrauben."

Der Anrufer bedankt sich und legt auf.

Kurze Zeit später meldet sich eine Frau mit aufgeregter Stimme am Notruf: „Bitte kommen Sie und schauen Sie, was mein Nachbar treibt. Er hämmert seit einigen Minuten gegen seine Wohnungstür!"

Die Frau nennt mir Namen und Adresse ihres Nachbarn.

Kurz über den vorangegangenen Anruf in Kenntnis gesetzt, meint die Anruferin:

„Ist schon seine Sache, wenn er die Tür zunagelt. Aber das Komische daran ist, dass er die Wohnungstür von draußen zunagelt und seine Ex drinnen um Hilfe schreit ...“

Michael Fegerl
Inspektor

Landespolizeikommando Oberösterreich
Polizeiinspektion Linz-Landhaus

Heißer Asphalt

Für einen damals an Erfahrung jungen, jedoch vor Motivation strotzenden Polizisten war es ein unspektakulär verlaufender Nachtdienst. Nicht jene Vorkommnisse und Amtshandlungen ereigneten sich, die man sich gedanklich vorstellt oder erwünscht, um schlussendlich zu einem für sich vertretbaren erfolgreichen Ergebnis zu kommen. Gespräche mit Kollegen, die bereits den Zenit ihrer Arbeitsmoral überschritten zu haben schienen und mir ihre lethargisch anmutende Freude über eine ruhige, frei von Stresssituationen verlaufende Arbeitsnacht mitteilten, ließen in mir nicht jene Zufriedenheit entstehen, die ich eigentlich aufgrund meiner Ansprüche an mich selber hatte. Aber der Mensch neigt ja bekanntlich zu Opportunismus und so akzeptierte auch ich, dass in jener Nacht die gesteckten Ziele wahrscheinlich nicht umsetzbar sein werden.
Die Zeiger der Uhr in unserem Arbeitszimmer zeigten bald drei Uhr, die Augenlider wurden schwer, die anstehende Bereithaltepause kam genau zur rechten Zeit.
Doch plötzlich unterbrach ein unverhältnismäßig lautes Geräusch aus einem Funkgerät die Stille. Mit einem Schlag breitete sich eine mir bis dato unbekannte Hektik aus. Rufe

von Kollegen dröhnten aus dem Äther. Sie waren offenbar in Not, benötigten Hilfe. Im Hintergrund eine grölende Menschenmenge – knacksende, abgehackte Funkunterbrechungen – Stille. Eine beängstigende Stille. Jedem meiner drei um mich sitzenden Kollegen war klar, dass dies ein Ernstfall war. Eine noch nicht näher einschätzbare Situation schien außer Kontrolle geraten zu sein.
Der Ort des Geschehens wurde schnell bekannt: Altstadt Linz, ein Vergnügungsviertel mit diversen einschlägigen Lokalen, Besucher aller sozialen Schichten. Konflikte infolge Alkoholkonsums waren um diese Uhrzeit oft vorprogrammiert. Es erging das Kommando zur Unterstützung – wir folgten dem Ruf – rüsteten uns mit den nötigsten Einsatzmitteln aus und besetzten einen Streifenwagen mit vier Personen. Vier Personen, die nicht wussten, was sie nun erwarten würde. Vier Personen, die sich hellwach mit weit aufgerissenen Augen einer unbekannten Aufgabe näherten.
Das blaue rotierende Licht unseres Autos erleuchtete gespenstisch die umliegenden historischen Gebäude, die hoch über das in dieser Novembernacht nasse Kopfsteinpflaster empor ragten. Personen verließen eilends, durch unser Folgetonhorn aufmerksam gemacht, die Fahrbahn der schmalen, dunklen Gassen.
Am Ende der Häuserzeile musste der von den Kollegen beschriebene Ort sein. Als Fahrer des Streifenwagens bot sich mir zuerst folgender Anblick: Vier Kollegen standen auf einer leichten Anhöhe, ihre Rücken schützend zueinander gekehrt, einen Kreis bildend. Eingekesselt von einer Menschenmenge – Hunderte, vielleicht mehr, die nicht wegen eines vergnüglichen Altstadtbesuches hier waren, sondern wohl nur Gewalt und Chaos im Sinn hatten.

Mit bloßen Händen bahnten wir uns zu viert den Weg durch die dichte Menschenmenge, um den Kollegen die so dringend benötigte Unterstützung zu bieten. Die Erleichterung war ihnen anzusehen, als wir nach einem mühevollen Spießrutenlauf unser Ziel erreichten, um die Phalanx gegen den Mob zu stärken. Im Zentrum angelangt, waren nun Dutzende Augen auf uns gerichtet. Leere Augen, hasserfüllte Augen, Augen die Aggressivität und Ablehnung vermittelten. Ablehnung gegenüber der Uniform, dem Staat und meiner Person.
Mit geballten Fäusten wurden Schlachtparolen in unsere Richtung skandiert. Auf einmal spürte ich, wie eine ekelige, klebrige Flüssigkeit meine Wange entlang langsam hinuntertropfte und schlussendlich in den Kragen meiner Jacke rann. Ein mir körperlich überlegener bulliger Hüne, kaum kleiner als zwei Meter, kurz geschorene Haare, ein rundes aufgedunsenes Gesicht mit kleinen, stechenden schwarzen Augen war der Absender dieser Demütigung. Ein gezacktes Tattoo, das wie eine brennende Flamme am Hals des Mannes hervorblitzte, unterstrich den Respekt, den ich ihm widerwillig entgegenbringen musste.
Das Adrenalin pumpte in meine Venen, meine Wahrnehmung geradlinig fokussiert auf diese Person. Alle Geräusche um mich herum verstummten, Handlungen in meiner Umgebung schienen im Zeitraffer abzulaufen. Der Mann deutete mit dem Zeigefinger auf mich, führte diesen dann zurück zu seinem Hals, bewegte diesen in bedrohlicher Art und Weise vom linken Halsansatz bis zum rechten und machte mir unmissverständlich klar: „Ich bringe dich um."
Eine Möglichkeit wäre nun gewesen, das Gehörte und Gesehene zu ignorieren, es wegzublenden. Mich an Ehre und Stolz, die mir das Tragen dieser Uniform verlieh und gleichzeitig an

die damit verbundene Verantwortung und Verpflichtung entsinnend, war eine uncouragierte Passivität für mich aber nicht vertretbar.
Meinen gesamten Mut zusammennehmend, diesen gepaart mit einem zwar unangebrachten, doch nötigen Maß an sarkastischer Selbstüberschätzung, gab ich ihm auf dieselbe Weise die Konsequenzen seines Handelns zu verstehen. Mit dem Zeigefinger meiner rechten Hand deutete ich auf ihn und überkreuzte meine Handgelenke – ein für ihn wohl bekanntes und verständliches Zeichen dafür, dass er nun als festgenommen galt.
Sich seinem Schicksal entziehen wollend, machte der Kerl kehrt und begann zu laufen. Als nunmehriger Flüchtender war seine körperliche Überlegenheit keine Tugend mehr. Das nasse, im fahlen Mondschein glänzende Kopfsteinpflaster schien sein Sargnagel zu werden. Wenige Meter fehlten mir noch, um ihn zu erreichen. Wie ein Gepard, der eine flüchtende Antilope verfolgt, klebte ich dicht an seinen Fersen. Die Situation schien sich gewandt zu haben – aus dem Gejagten wurde ein Jäger – aus dem Täter ein Opfer. Er blickte ein letztes Mal zurück, aus seinen nun weit geöffneten Augen wich die Selbstsicherheit einem angstvollen Ausdruck, jetzt zur Rechenschaft gezogen zu werden.
Meine Füße stießen sich vom Erdboden ab, wie in Zeitlupe flog ich, mein Ziel immer als solches fokussiert. Gemeinsam prallten wir hart auf dem Boden auf. Die folgenden Sekunden physikalischer schier unmöglich scheinender Kraftanstrengung fühlten sich wie Stunden an – ein Duell David gegen Goliath.

Aus meinen Muskeln und Sehnen wich die Kraft und machte der gleichzeitig aufkommenden Angst Platz. Unbändiger men-

taler Siegeswille, der in dieser Situation auf die nicht verebben wollende Adrenalinquelle drückte, ließ mich schlussendlich in diesem Zweikampf als Gewinner hervorgehen.
Kollegen eilten zur Unterstützung herbei – der Mann wurde abgeführt. Ich blieb vor Erschöpfung am Boden sitzen, atmete tief durch, versuchte meinen die Halsschlagader fast sprengenden Puls zu drosseln. Die nicht enden wollenden Sekunden zuvor ließ ich nochmals Revue passieren. Erst ein Klopfen an meine Schulter brachte ein Erwachen aus diesem leeren Tagtraum. Ein junger Bursch mit leuchtenden freudestrahlenden Augen stand vor mir und sagte „danke". Im folgenden Gespräch stellte sich heraus, dass ihm mein Kontrahent kurz zuvor seine Geldbörse gestohlen und ihm im Falle einer Anzeige Konsequenzen angedroht hatte.
Den Grund für das aufgebrachte Verhalten so vieler Menschen konnte ich später erfahren. Die Freundin des Täters bezichtigte Polizisten in verleumderischer Absicht eines sexuellen Übergriffs, zog durch Toben und Schreien die Aufmerksamkeit auf sich und war der Auslöser dieses kollektiven Aufruhrs. Die aufgebrachte Menschenmenge konnte in weiterer Folge von einem Großaufgebot an Einsatzkräften beruhigt werden und löste sich infolgedessen auf. Das beobachtete couragierte Auftreten gegen scheinbar unschlagbar wirkende Gegner schien auch dem letzten Widerspruchsgeist den Wind aus den Segeln genommen zu haben.
Dicke Schneeflocken schneite es, als ich frühmorgens zum Himmel hinauf blickte, meinen Dienst für diesen Tag beendete und dafür dankte, wieder gesund nach Hause gehen zu dürfen.

Werner Forstner
Revierinspektor

Landespolizeikommando Salzburg
Polizeiinspektion Hallein

Ein Polizist erzählt:

Was erzählt ein Polizist,
wenn er Mensch geblieben ist?
Vom Alltag, der nur eins verspricht:
lustig wird's, wie immer, nicht!

Du bekommst „Akten“, so sind sie benannt,
mit Namen, die dir längst bekannt.
„Inkasso“ machen für die Behörde,
weil man sonst „vorzuführen“ wäre,
Briefe sind zu überbringen,
uns soll das nebenbei gelingen!
Hat ihn die Post bloß nicht gefunden,
ist er gar von hier verschwunden?

Dann kommt schon der erste „Gast“,
dem du zuzuhören hast:
Wurde sie geschädigt oder er bestohlen,
hat man gar versucht, ihn zu versohlen,
wurde sie beleidigt oder bedroht,
– die Welt ist ja schon so verroht!

Wenn dann auch noch der Notruf läutet,
ahnst du schon, was es bedeutet:
Einen Unfall hat's gegeben,
gibt's Verletzte, geht's gar um ein Leben?
Selbst wenn nur das Blech verbogen,
wird schon dort so viel gelogen,
schuld will wieder keiner sein,
nur „der Andre" ganz allein!

Vielleicht ist's auch die Feuerwehr,
kommt mit Trara Trara daher,
Feuer löschen ist nicht schwer,
Türen öffnen umso mehr!
Denn wir müssen einfach rein,
drin könnt' ein Verletzter sein!
Doch ab und zu war's nur ein Schläfchen,
von einem etwas „müden" Schäfchen!

Zunehmend aber sind die Sachen,
die die geringste Freude machen:
Frau und Mann sind da zu trennen,
– man möchte gern die Wahrheit kennen.
Doch einer wird meist in solchen Krisen,
vom „bösen Inspektor" aus dem eignen Haus gewiesen!
Wir werden oft benutzt und müssen ent-scheiden!
Und meist müssen Kinder drunter leiden!

Manchmal aber, wenn's zu schwer,
sagt ein Mensch: „Ich kann nicht mehr!"
Niemand da, der dich versteht,
und unsre Hilfe kommt zu spät!

Tote sehen in allen Lagen,
geschieht nicht an sehr vielen Tagen,
doch gilt's auch hier zu hinterfragen,
ohne Rücksicht auf die Flauheit im Magen!

Und zu guter Letzt, ohne geht es ja nicht,
steht bei allem – der Bericht!
Egal, was passierte, egal wo's geschah,
es wird hinterfragt, wie der Polizist das denn sah!
Jeder Zeuge unterschreibt „die Wahrheit",
und dennoch bleibt dann selten „Klarheit!"

Doch ganz egal, was wir wohl machen,
selten findet's wer zum Lachen:
Ob Parkverbot, ob Telefon am Steuer,
wir sind unangenehm und teuer,
ob Raserei, ob Alkohol,
keiner findet uns dann toll,
ob unangegurtet oder ohne Licht:
„Normal mach ich ja so was nicht!
Das war bestimmt das erste Mal,
muss es sein, dass ich was zahl'?"

Doch wenn man dann den Notruf wählt,
werden die Sekunden gar gezählt,
ist den Leuten angst und bange,
brauchen wir bestimmt zu lange!

Im Grunde tun wir nur unsre Pflicht,
doch das versteht man meistens nicht,
vieles hat man anzuschauen,

vieles kann man schwer verdauen,
und ich kann auch die verstehen,
die's oft nicht so locker sehen!

„Freund, dir werd' ich helfen!" heißt es nicht,
auch wenn man manches Mal so spricht!
„Freund und Helfer" möcht' man sein,
doch meistens steht man ganz allein!
Schon von klein auf fehlt heut' der Respekt,
vor dem, der in der Uniform steckt!
Doch wenn auch viele über uns quengeln,
wir sind Menschen, mit allen Mängeln!
Wir tun unsre Arbeit nicht immer mit Lust,
doch selten auch mit großem Frust.

Und für die sind die letzten Worte gedacht:
„Humor ist, wenn man trotzdem lacht!"

anonym
(Name dem Verlag bekannt)

Dorfmanns Lektionen

Erster Streich

Sie waren zu fünft. Bewaffnet mit langen Stabtaschenlampen aus Metall. Entschlossen und gut auf das Attentat vorbereitet. Sie waren unbehelligt in das Objekt eingedrungen und standen nun vor der Tür, hinter der sie ihr Opfer vermuteten. Sie verschnauften kurz, dann öffnete der Mutigste von ihnen die Tür. Die Täter drangen in das Zimmer ein. Ihr Opfer lag schwer atmend im Bett, nichtsahnend – mit offenem Mund, friedlich wie ein Baby.

Es war vier Uhr morgens.

Die Taschenlampen wurden eingeschaltet. Es roch unangenehm. Aus der hinteren Reihe war ein Räuspern zu hören. Dann unterdrücktes Lachen. Der Türöffner von vorhin legte das Paket vor das Bett. Dies geschah nicht geräuschlos. Das Opfer schlug die Augen auf. Das war der Startschuss für den ersten Täter. Er machte eine perfekte Kehrtwendung, rempelte einen seiner Kumpanen um und rannte mit weit aufgerissenen Augen bei der Tür hinaus. Der zweite Eindringling hatte auch genug gesehen, folgte dem ersten und suchte das Weite.

Das Opfer richtete sich im Bett auf und starrte die verbliebenen Eindringlinge an. Seine Augen waren Furcht einflößend, sie schienen im Dunkeln zu leuchten. Die restlichen drei Helden beschlossen nun auch, das Weite zu suchen. Was dazu führte, dass es im Türrahmen zu einer Kollision kam. Einer ging zu Boden, die anderen zwei sprangen mit wehenden Haaren die Stufen hinab, als wäre der Teufel höchstpersönlich hinter ihnen her. Der verbliebene gefallene Krieger rappelte sich indes auf und wandte sich dem Opfer zu. Die Rollen waren nun vertauscht. Das vormalige Opfer stand wutentbrannt auf, griff nach einer zuvor verloren gegangenen Stabtaschenlampe und trat in einer drohenden Geste auf den einstigen Attentäter zu.

Dabei gab es ein schmatzendes Geräusch. Trotz seiner Angst fing der gefallene Krieger zu lachen an und folgte den anderen über die Treppe – in die Sicherheit. Das Attentat war ein voller Erfolg. Das Opfer war mitten in das Paket getreten – einen schönen Haufen Kuhscheiße.

Die Attentäter trafen sich, noch immer außer Atem, zwei Stockwerke tiefer, im Geräteraum des Turnsaales. Dort saßen sie nun auf gestapelten Matten und rauchten, als ihr Anführer eintraf. Er langte nach dem Mattenwagen, auf dem seine Kollegen saßen und schob ihn schnaubend vor die Tür. „Scheiße, er ist hinter mir her!“, keuchte er.

„Der ist aber ganz nett in die Scheiße getreten“, bemerkte ein anderer, der sich immer noch vor lauter Lachen schüttelte. „So eine Scheiße“, gab ein weiterer von sich. Plötzlich hörten sie draußen Schritte – eindeutig von mehr als einer Person. Einer der Burschen flehte: „Bitte, versteckt mich im Springkasten, wenn ich von der Schule fliege, krieg’ ich zu Hause riesengroßen Ärger.“

Als ob die anderen keinen Ärger gekriegt hätten.

Es wurde an die Tür geklopft. Keiner rührte sich. Es gab

keinen Ausweg, das einzige Tor in die Freiheit war blockiert. Sie waren gefangen. „Aspirant Dorfmann, öffnen Sie sofort die Tür!“, tönte es von draußen herein. Bezirksinspektor W., seines Zeichens stellvertretender Kommandant der Gendarmerieschule Feldgasse, duldete keinen Aufschub. Das war deutlich an seiner Stimme zu hören. Dorfmann schob den Wagen wieder beiseite und öffnete die Tür. Bezirksinspektor W. war alles andere als gut gelaunt. Er zeigte auf alle vier und befahl ihnen mitzukommen. Die vier folgten mit gesenkten Häuptern.

Man kann sich vorstellen, wie die Sache ausging. Zuerst mussten sie die Scheiße unter Aufsicht des Opfers wegwischen, sich entschuldigen. Außerdem gab es eine strenge Ermahnung, mit der Option auf sofortige Entlassung, eine schriftliche Stellungnahme sowie drei Stunden Strafexerzieren. Zudem musste ein Referat zum Thema „Lynchjustiz und Folter“ abgehalten werden. Aber das war nichts im Vergleich zu dem, was sie nach dem „Attentat“ erlebten: Sie waren unter den restlichen GendarmerieschülerInnen zu Helden aufgestiegen. Ab sofort genossen sie einen Sonderstatus.

Das Opfer war alles andere als beliebt an der Schule – unsympathisch, von aufdringlichem Ehrgeiz, aggressiv, egoistisch, arrogant, beherrschte eine Kampfsportart, war erfolgreich, gutaussehend, groß und stark – kurz: ein Widerling. Er war bei allen gefürchtet, manche hatten Angst vor ihm. Deshalb entstanden sowohl Protest- als auch Solidaritätsaktionen. Die übrigen Schüler produzierten Plakate, druckten Flyer aus, beschrieben Klassentafeln. Überall konnte man lesen: „Wir finden dich Scheiße.“

Der fünfte Mann flog nie auf, was ihn jedoch nicht vor einer Abreibung bewahrte. Eines Abends erschien er mit gebrochenem Ringfinger und Schrammen im Gesicht. Alle fünf ehemaligen Attentäter wurden im Laufe der nächsten Wochen „Opfer" eines „unbekannten" Täters. Sie hatten ein Verbrechen begangen und ihre gerechte Strafe erhalten.

Zweiter Streich

Zwei Jahre später stand Inspektor Dorfmann in der Garage des Gendarmeriepostens und schloss die Fahrertür des Streifenwagens. Er vergewisserte sich, alles entsprechend vorbereitet zu haben. Bevor er ausgestiegen war, drehte er Gebläse und Heizung des Wagens auf volle Leistung. Auch der Lautstärkeregler des Radios war bis zum Anschlag aufgedreht und die Lehne des Fahrersitzes in Liegeposition gebracht. Dann schaltete er die Scheibenwischer ein und zog den Zündschlüssel ab. Zu guter Letzt schob er noch Unterlegkeile unter die Reifen. Dorfmann war zufrieden mit seiner Arbeit und schloss das Garagentor. Er betrat den Gendarmerieposten und freute sich auf das bevorstehende Schauspiel.

Der Dienstschluss stand kurz bevor, er legte seine Waffe in den Waffenraum, als ein Kollege, der nun den Nachtdienst antrat, zur Tür hereinkam. „Servus Dorfmann, ist was los gewesen?" Das Funkgerät knackt. „Einbruchsalarm Sparkassa, alle verfügbaren Streifen zum Tatort. Standort und Eintreffzeit melden!" Dorfmann stürmt zum Funkgerät, sein Kollege schnappt sich seine Pistole, eine Glock, und rennt in Richtung Garage. Dorfmann meldet: „Tannberg 1 hat Standort Tannberg. Sind schon unterwegs."

Plötzlich ein ungeheurer Adrenalinschub, der kalte Schweiß bricht ihm aus. *Mein Gott, das Bullenauto – Scheiße!* Er rennt zur Tür, reißt sie auf – zu spät. Er sieht nur Qualm aus der Garage wehen. Scheiße Mann. Das war ja nicht so lustig.

Fluchend steigt der Kollege aus dem Einsatzfahrzeug und sieht nach dem Rechten. Dorfmann rennt zum Auto und hilft die Unterlegkeile wegzuschieben. Aus dem Radio tönt in voller Lautstärke Beethovens „Ode an die Freude" – was braucht man mehr? Auf Ö1 ist eben Verlass. Die Scheibenwischer gehen wie verrückt hin und her. Ganz und gar nicht im Takt. Dorfmann muss trotz der Eiseskälte schwitzen. „Rein ins Auto!", brüllt sein Kollege. Dorfmann steigt ins Fahrzeug und kriegt eine Fönfrisur, da ihn das Gebläse voll erwischt. Allerdings kann er darüber nicht lachen. Plötzlich fällt ihm ein, dass er seine Waffe am Posten vergessen hat. Er reißt die Wagentür auf und sprintet zum Gendarmerieposten. „Nimm die MP mit!", ruft ihm sein Partner hinterher.

Dorfmann kommt mit den Waffen zurück. Ein bisschen hat er Angst, unser Inspektor. Jetzt geht es endlich los. Das Funkgerät röhrt (weil auch voll aufgedreht) und Beethoven wurde bereits von den Kastelruther Spatzen abgelöst. Unerträgliche Lautstärke und absolut skurril. Der Sendersuchlauf hatte so entschieden. Dorfmann stehen die Haare zu Berge, er weiß nicht, was er zuerst tun soll. Sein Gehirn schaltet gnädigerweise auf Autopilot um. Er dreht alle Knöpfe in eine erträgliche Position und gibt erneut ihren Standort durch. Weit waren sie ja nicht gekommen.

Auf der Straße liegt Schnee. Sie driften in die erste Kurve. Dorfmann hält den Atem an und krallt seine Finger um den Haltegriff. *Scheiße, ich hab' Schiss.* Sein Partner ersucht ihn, die MP zu checken. Dorfmann rührt sich nicht. Er sieht die nächste Kurve auf sich zukommen. Für sein Dafürhalten sind sie viel zu schnell unterwegs. Instinktiv drückt sein Fuß das Bremspedal, aber er sitzt auf der falschen Seite. Sein Partner scheint derlei Bedenken nicht zu haben. Dorfmann hat genug:

„Brems!“, brüllt er, „das geht sich nie aus!“ Er schaut noch schnell auf die MP, ob sie überhaupt gesichert ist, wirft sie auf den Rücksitz und beginnt, sich mit Händen und Füßen auf die Kurve und seiner Meinung nach unmittelbar bevorstehende Tragödie vorzubereiten.
Bereits am Eingang der Kurve spürt er, wie das Heck des Fahrzeugs ausbricht. Das war's. Auch das Gegenlenken des Fahrers bringt keinen Erfolg und das Auto schleudert einer meterhohen Schneewechte am Straßenrand entgegen. Mit voller Wucht prallt das Fahrzeug gegen die Mauer aus Schnee. Sie werden auf die Fahrbahn zurück geworfen. Dorfmann hat die Orientierung verloren, wie von fern dringt das Folgetonhorn an sein Ohr. Die Fensterscheibe auf seiner Seite ist irgendwie nicht mehr vorhanden, auf seiner Uniformhose liegen Scherben und Schnee. Die Windschutzscheibe ist vollkommen weiß, er kann nichts sehen, die Scheibenwischer sind abgebrochen. Sein Partner greift zum Funkgerät und meldet „Tannberg 1 hatte einen Unfall mit dem Dienstfahrzeug. Wir brauchen eine Streife.“
Dorfmann brummt der Schädel. Sein Kollege steht schon auf der Straße und regelt den Verkehr am Gendarmerieauto mit Totalschaden vorbei. Dorfmann öffnet die Beifahrertür und schwankt auf die schneebedeckte Straße. Er denkt nicht im Entferntesten daran, seinen Kollegen zu unterstützen. Er torkelt zur hinteren Tür, öffnet sie und greift nach seinem Dienstkoffer, der auf der Sitzbank steht – beziehungsweise gestanden ist. Jetzt liegt sein gesamter Inhalt im Fahrzeug verstreut. Schließlich findet er, wonach er gesucht hat. Er öffnet die Marlboro Packung und greift nach einer Zigarette. Das Feuerzeug kann er nicht finden, also steigt er wieder vorne ein, um den Anzünder des Wagens zu verwenden. So sitzt er nun

rauchend, mit einem Schock und immer stärker werdenden Kopfschmerzen am Beifahrersitz. Immer noch nicht realisiert er, dass er Gendarm ist und nicht einfach beiseite treten kann, um das Eintreffen der rettenden Hilfe abzuwarten. Nach einigen Zügen an der Zigarette dämmert ihm, dass immer noch Einbruchsalarm ist, andere Kollegen zum Einsatzort stürmen, sie einen Unfall hatten und er ganz unpassend am Beifahrersitz qualmt.
Man kann sich vorstellen, wie die Geschichte ausging.
Dorfmann einigte sich mit seinem Partner: Dieser vergisst die Vorgeschichte (Unterlegkeile, Ode an die Freude ...), wenn Dorfmann bei der Einvernahme angibt, nicht verletzt zu sein. So hatte er einige Tage im wahrsten Sinn des Wortes „Kopfweh“, aber dafür kein Disziplinarverfahren am Hals. Er hatte eine Sünde begangen und Buße getan.
Dorfmann hatte gleich mehrere wichtige Lektionen gelernt: Scherze sind nicht unbedingt immer angebracht. Schnelles Fahren ist nicht unbedingt immer angebracht. Und er wusste nunmehr, dass er bei der Gendarmerie angeheuert hatte. Von einer Sekunde auf die andere kann es ernst werden – sehr ernst. Es fand eine Veränderung in ihm statt.

Dritter Streich

Sechs Jahre später steht Revierinspektor Dorfmann bei strömendem Regen am Heck eines LKW-Anhängers und traut seinen Augen nicht. Die Tür des Hängers steht weit offen. Er wollte routinemäßig den LKW kontrollieren, wie er es von seinem Chef vorgeschrieben bekommen hatte. Dorfmann sieht bis zur Decke gestapelte Paletten, beladen mit undefinierbaren Metallteilen. Ihm ist, als hätte er in den Zwischenräumen der Paletten eine Bewegung wahrgenommen. Doch das ist unmöglich. Regen tropft von seiner Dienstkappe, ihm ist kalt und er hat Hunger. Er glaubt an eine Halluzination. Dorfmann wirft die Tür wieder zu. Es hat eine Außentemperatur von vielleicht zwei Grad über null. Eile ist geboten. „Scheiße!", meint Dorfmann lakonisch und setzt in der Folge eine ungeheure Maschinerie in Gang. Er rennt zu seinem Vorgesetzten, der gerade einen anderen LKW kontrolliert, und teilt diesem mit, dass im Anhänger wahrscheinlich Illegale sind. Als Polizist neigt man dazu, „Illegale" anstatt „Flüchtlinge" zu sagen. Noch nie hatte Dorfmann einen Polizisten oder Gendarmen das Wort Flüchtling in den Mund nehmen hören. Wahrscheinlich war es notwendig, eine gewisse Grenze zu ziehen. „Flüchtling" wäre zu menschlich gewesen, hätte eine Art Verbundenheit hervorgerufen, während „Illegaler" ein Vergehen impliziert oder auf ein Verbrechen hinweist. Man wollte sich ganz einfach nicht mit diesen Menschen auseinandersetzten. Selbstschutz oder Ignoranz? Wohl ein wenig von beiden.

Der eine Weg ist, seine Arbeit zu verrichten, ohne dabei Emotionen ins Spiel zu bringen. Dann geht man nach Hause, zu den Kindern, zur Freundin, ins Fitnessstudio oder in eine Kneipe. Man muss nicht mehr daran denken, da man das Ganze nicht an sich heran gelassen hat. Man lebt weiter in seiner eigenen kleinen Welt, ohne diese Probleme. Schließlich hat man ja auch noch eigene Sorgen.

Der andere Weg ist, dass man den Flüchtlingen zuhört – sie an sich heran lässt. Dann ist es jedoch um einen geschehen. Du wirst aus deiner eigenen kleinen Welt gerissen, kannst Dinge plötzlich mit anderen Augen betrachten, weil du sie eben mit anderen Augen gesehen hast – mit den Augen eines Flüchtlings. Sind dann noch Kinder im Spiel, wird die Sache

richtig ernst. Man kämpft mit den Tränen, kann das Ganze nicht glauben. Solche Erlebnisse prägen einen Menschen, der Panzer wird durchdrungen und man ist „nur“ noch ein Mensch.
Welchen dieser Wege man schlussendlich einschlägt, bleibt jedem selbst überlassen. Beide sind nachvollziehbar und entbehren jeglichen Urteils. Man ist deswegen kein guter oder schlechter Mensch. Man geht nur unterschiedlich mit Extremsituationen um.
Dorfmann jedenfalls hat keinen Hunger mehr. Ihm ist auch nicht mehr kalt. Im Gegenteil, er beginnt zu transpirieren. Sein Vorgesetzter fordert via Funkgerät Verstärkung an. Schließlich ist das Heck des LKWs mit mehreren Gendarmen im Halbkreis umstellt, damit ja keiner der Illegalen entwischen kann. Diese Sorge sollte sich im Nachhinein als unbegründet erweisen.
Nun öffnet ein Kollege Dorfmanns die Tür des Anhängers. Er wird von zwei weiteren, mit Maschinenpistolen bewaffneten, Gendarmen gesichert – wie es im Fachjargon heißt. Doch weder springt jemand in Angriffslaune aus dem LKW auf die Beamten los, noch wird auf sie das Feuer eröffnet. Es geschieht nichts. Nur das Trommeln des Regens auf die Außenhaut des LKWs ist zu hören. *Jemand wird in den LKW hinein gehen müssen.* Drei Beamte klettern in den Hänger. „Positiv“, kann man kurz später hören. Das bedeutet, dass tatsächlich Illegale an Bord sind. Einzeln kommen sie langsam auf die Tür des Hängers zu. Die erste Person ist eine Frau, zwischen 20 und 30 Jahre alt. Sie ist so schwach, dass einer der Gendarmen sich veranlasst sieht, ihr von der Ladefläche herunter zu helfen. Zuerst zögert sie, die helfende Hand anzunehmen, aber ihre Fluchtgefährten drängen sie aus dem LKW. Sie ist gezwungen,

die Hand zu ergreifen. *Das hier ist keine Festnahme, das ist eine humanitäre Aktion, ein vollkommen unwahrscheinliches Ereignis.* Es endet so, dass sämtliche Gendarmen einen oder zwei der Illegalen stützen oder ihnen unter die Arme greifen.

Dorfmann sieht einen Kollegen, der ein etwa zweijähriges Kind am Arm trägt. Hinter ihm läuft eine schreiende und wehklagende Frau, offensichtlich die Mutter des Kindes, mit einem riesengroßen Nylonsack im Schlepptau. Jeder macht ein betroffenes Gesicht, keinem liegt ein Scherz auf den Lippen. Manche der Leute sind für diese Jahreszeit unpassend gekleidet. Einige haben nur ein dünnes Hemd an. Die meisten haben keine Socken. *Wir brauchen das Rote Kreuz, die Rettung und Ärzte.* Es sind der Zählung zufolge 38 Personen. Unter den Beamten beginnt sich Hektik zu verbreiten, niemand weiß so recht, was nun zu tun ist. Man beäugt sich gegenseitig – die Flüchtlinge die Gendarmen und umgekehrt.

Dorfmann rennt los. Er stürmt in den Ruheraum, in dem die Gendarmen ihre Bereithaltezeit verbringen, und reißt so viele Decken, wie er tragen kann, aus einem Kasten. Er rennt zurück und verteilt sie an die Personen. Ein Kollege meint tatsächlich: „Hey, das ist meine Decke. Wer weiß, was die für Krankheiten haben!"

Ein durchaus berechtigter Einwurf, der jedoch von seinen Kollegen mit Sätzen wie – „Spinnst du?", „Alter, pfeif' auf deine Decke" und „Na hör' mal", quittiert wurde. Der Kollege verstummt sofort, von seiner Seite keine Einwände mehr. Die Leute vom LKW werden vorerst in der Garage des Postens untergebracht, dort ist es deutlich wärmer und die Fluchtgefahr liegt bei null. Das Rote Kreuz kommt mit Wurst- und Käsesemmeln. Die Wurstsemmeln bleiben unberührt. Manch ein Beamter denkt, die Illegalen seien wählerisch oder gar heikel.

Manch anderer jedoch weiß, dass es außer unserer Religion noch andere gibt mit entsprechend unterschiedlichen Vorschriften.

Die WC-Anlagen werden freigegeben und das Rote Kreuz reagiert auf die kulturellen Unterschiede, indem man Hühnersuppe aufwartet. Die sanitären Anlagen sehen in Kürze wie ein Schlachtfeld aus, die Putzfrau sollte am nächsten Tag beim Anblick des Schlamassels in Tränen ausbrechen. Die meisten der Leute wussten nichts mit einer europäischen Toilette anzufangen, was dazu führte, dass einige sanitäre Einrichtungen zweckentfremdet wurden. Mittlerweile sind alle Personen verköstigt und die meisten konnten sich aufwärmen. Nun beginnen sie, sich in ihrer Sprache zu unterhalten.

Einer der wenigen, der vernünftig Englisch spricht, ist Dorfmann. Er wird verdonnert, die Einvernahmen durchzuführen. So kommt es, dass er kurze Zeit später einem etwa 14-jährigen Jungen gegenübersitzt, der ihn mit großen, leuchtend schwarzen Augen anblickt. Der Junge ist nur mit einer langen Unterhose bekleidet und hat eine dunkle Decke umgewickelt, auf der „Gendarmerie" aufgedruckt ist. Seine Hose ist verdreckt, die Füße stecken in zu großen Schuhen. Der kleine Mensch stinkt erbärmlich und zittert am ganzen Körper. Die schwarzen Haare stehen kreuz und quer. Am Oberarm ist die Decke verrutscht und gibt einen Blick auf eine bereits verheilte Verletzung frei. Sie sieht wie eine Schussverletzung aus.

Die Angst des Kindes kann man am deutlichsten in den Augen erkennen. Dorfmann ist schockiert. Er hat so etwas noch nie erlebt. Im Fernsehen hat er eine solche Situation vielleicht ein paar Mal gesehen, aber die ist weit weg. Nicht wirklich real. Jetzt auf einmal ist er selbst mitten drin, sitzt einem leibhaftigen Flüchtling gegenüber. „Mein Gott, wo ist deine

Familie, hast du Hunger und wie heißt du überhaupt?", sprudelt es aus Dorfmann heraus. Der Junge zuckt nicht zusammen, was aus dessen Sicht recht ungewöhnlich ist, denn er hat wahnsinnige Angst vor allem, was eine Uniform trägt. Lediglich der Tonfall des uniformierten Mannes hat ihn innehalten lassen in seiner Angst. Es war ein freundlicher Tonfall, wenn auch in einer ihm fremden Sprache. Aber immerhin freundlich. Außerdem hat er bis jetzt noch keine Schläge bekommen. Das war doch ein gutes Zeichen – oder?

Dorfmann übersetzt mittlerweile ins Englische, befragt ihn nach seiner Familie. So beginnt langsam und anfangs zögerlich ein Gespräch zwischen den beiden. Der Junge hat eindeutig mehr zu erzählen, Dorfmann muss ihn mehrmals bitten, dieses oder jenes zu wiederholen – denn Dorfmanns Englischkenntnisse reichen nicht an jene des Jungen heran. Er bringt in Erfahrung, dass der Junge aus dem Irak stammt. Der Junge berichtet, dass mehrere Familienmitglieder zu Tode gekommen seien. Vom Regime ermordet. Er selbst habe im Alter von 10 Jahren an einer Art Ferienlager teilgenommen. Dort sei er im Umgang mit Waffen geschult worden. Sie hätten Lieder über Saddam gesungen, ihn gepriesen und geehrt. Er habe gelernt, amerikanische Fahnen anzuzünden und dabei hysterisch zu schreien. Als er wieder nach Hause zu seiner Familie kam, war er nicht mehr der Junge, der er einst gewesen ist. Seinem Vater sei daraufhin der Kragen geplatzt. Als er sich zu weit aus dem Fenster gelehnt habe, seien Uniformierte gekommen und hätten seinen Vater mitgenommen.

Er habe ihn nie wieder gesehen. Der Junge weint lautlos. Er ist offensichtlich schwer traumatisiert und er redet. Er redet. Dorfmann hört zu und bekommt weitere Lektionen.

Who is Who?*

Wir dürfen annehmen, dass die Leser des vorliegenden Bandes am organisatorischen Aufbau der österreichischen Sicherheitsexekutive mit seinen hierarchischen Strukturen interessiert sind und wissen möchten, welche Funktionen die hier handelnden Personen eigentlich inne haben. Wir werden versuchen hier zu erklären, warum es nicht leicht ist, in diesem Rahmen die Organisation des Polizeiapparats verständlich darzulegen. Dazu müssen wir anmerken, dass die vorliegenden Erzählungen oft auch in eine Zeit zurückspielen, als zivile, graue und grüne Exekutivkleidung das Bundesgebiet als schier unergründlicher „Polizei-Gendarmerie-Kripo-Fleckerlteppich" erscheinen haben lassen. Seit 2005 kleiden sich alle uniformierten österreichischen Polizisten einheitlich in schickem Blau. Nach wie vor Rätselraten herrscht indessen bei so manchem Laien, wo sich all die zivilen Polizisten wohl versteckt halten.

Noch undurchsichtiger und komplizierter wird es, sämtliche Organisationseinheiten der an die 30.000 Mitarbeiter der österreichischen Polizei strukturiert aufzuzählen oder aufzuzeigen. Zumal der Polizeiberuf eine Vielzahl von unterschiedlichen Aufgabenstellungen und Fachrichtungen umfasst. Viele Einsatzkräfte tragen nun besagte blaue Uniform, andere wiederum eine Spezialuniform: Da gibt es Polizisten, die im Streifenwagen, auf Motorrädern oder zu Fuß auf der Straße unterwegs sind, Polizisten am Notruftelefon oder auf einer Polizeiinspektion; Polizisten, ausgerüstet mit Helm und Schild

* *Wir unterscheiden im vorliegenden Text nicht gendermäßig. Gemeint sind aber stets sowohl Damen als auch Herren.*

oder in schwarzer Vermummung, Polizisten zur Schulwegabsicherung oder bei Einlasskontrollen, Polizisten in einem Streifenwagen der Autobahnpolizei oder hinter einem Radarmessgerät, Polizisten mit einem Spürhund an der Leine oder mit dem Steuerknüppel eines Hubschraubers in der Hand. Nicht zu vergessen sind jene, die als Juristen, Ärzte, Psychologen oder Seelsorger ihren Dienst versehen. Dazu kommen noch die zuvor angesprochenen Polizisten in Zivil – anzutreffen in weißen Overalls im Zuge der Spurensicherung am Tatort oder forschend im Labor. Weiters jene Polizisten, die in Sonderkommissionen ermitteln, um Kriminalität zu bekämpfen, oder den Auftrag haben, Politiker – und in weiterer Folge den Staat – zu schützen. Ferner jene, die im Fernsehen beziehungsweise im Radio zu Wort kommen. Und diese Aufzählung ließe sich noch lang fortsetzen.

Das weit gefächerte Anforderungsprofil setzt sich auch in den verschiedenen Organisationsformen der Polizei fort – wie im Innenministerium, im Bundeskriminalamt, in der Sicherheitsdirektion, in der Bundespolizeidirektion, im Landespolizeikommando, im Stadtpolizeikommando, in der Polizeiinspektion. Dazu zu zählen sind noch die nachgeordneten Abteilungen, Referate, Büros, Fachgruppen und Einheiten. Keine Frage: Jeder dieser Polizisten könnte seine Erfahrungen aus seinem Polizistenalltag erzählen.

Losgelöst vom Weiterbestand der Sicherheitsbehörden wurden im Zuge von jüngsten Reformen nicht nur Polizei und Gendarmerie, sondern auch Polizei und Kripo zu einem gemeinsamen Wachkörper verschmolzen. Vereinfacht gesagt, könnte sich heute jeder Polizist nahezu überall bewerben, vorausgesetzt er ist für diese Tätigkeit qualifiziert.

In einer stark vereinfachten Darstellung ließen sich Polizisten und deren hierarchische Stellung jedoch wie folgt darstellen: Die überwiegende Mehrheit der uniformierten und zivilen Polizisten (knapp 26.000 an der Zahl) ist in Summe einem der neun Landespolizeikommanden dienstzugeteilt. Das übrige Personal verteilt sich auf diverse Bundesbehörden. Wien als personalstärkstes Landespolizeikommando mit knapp 6.000 Mitarbeitern – Vorarlberg ist das kleinste mit knapp 900 – nimmt im Vergleich zu den Landespolizeikommanden in den Bundesländern zwangsläufig eine gewisse Ausnahmestellung ein und ist zusätzlich auch noch der zentrale Standort vieler anderer Dienststellen und Einheiten des Innenressorts. Auf unterster Hierarchieebene sind zumeist junge Polizisten im Dienst, die als Voraussetzung die Aufnahmsprüfung zur Polizei bestanden und die Grundausbildung erfolgreich absolviert haben müssen. Vom Amtstitel her handelt es sich zumeist um Aspiranten, Inspektoren, Revier- oder Gruppeninspektoren. Die Distinktionen auf ihren Schultern sind relativ glanzlos und mit simplen Streifen und Sternen ausgestattet, obwohl sie in ihrem Außendienst den größten Teil der faktischen Polizeiarbeit leisten. Es sind jene Polizisten, die herbeieilen, wenn der Notruf getätigt wird oder sich aus einem anderen Anlass ein Grund zum polizeilichen Handeln oder Einschreiten ergibt. Darüber hinaus stellen sie aus ihrem Regeldienst heraus einen wesentlichen Teil des Personals bei polizeilichen Großaktionen sowie bei diversen anderen Einsätzen. Zwangsläufig haben Polizisten in dieser Ebene die meisten, unterschiedlichsten und spannendsten Geschichten zu erzählen, zumal sie fast immer die Ersten am unmittelbaren Geschehen sind. Sie bekommen im Regelfall von der emotionalen oder faktischen Wucht einer Amtshandlung zweifelsfrei den größten Brocken ab. Ab dieser Ebene könnte jeder Polizist aber

auch eine andere dienstliche (Kriminaldienst, Innendienst, EDV, Sondereinheiten usw.) Verwendung finden.
Die nächste hierarchische Ebene stellen deren unmittelbare Vorgesetzte und Kommandanten einer Polizeiinspektion oder einer anderen Polizeieinheit dar; intern werden sie auch „Chargen“ genannt. Um diese Funktion auszuüben, müssen Polizisten nach einigen Praxisjahren eine weitere Aufnahmsprüfung bestehen und einen mehrmonatigen Fachkurs erfolgreich absolvieren. Danach fällt es in ihr zusätzliches Aufgabengebiet, Personal zu führen und mehr Verantwortung zu tragen. Ihre tatsächlichen Außendienstzeiten können sich dadurch spürbar reduzieren. Die Distinktionen auf ihren Schultern glänzen bereits mehrheitlich silbrig und auch die Streifen werden zusehends breiter. Ihre Amtstitel reichen von Bezirksinspektor über Kontrollinspektor, bis hin zu Abteilungsinspektor oder Chefinspektor. Kriminalbeamte haben einen kriminalpolizeilichen Fachkurs zu absolvieren und führen dieselben Amtstitel.
In der darüberstehenden Hierarchieebene, in welcher die Luft bereits spürbar dünner wird, versammeln sich die Polizeioffiziere. Früher auch „Goldfasane oder Rotkappler“ genannt, sofern sie Uniformträger waren. Goldene Streifen und Sterne dürfen deren Schultern zieren, wenn sie ein mehrtägiges Auswahlverfahren überstanden haben und einen mehrjährigen Kurs an der Sicherheitsakademie erfolgreich – seit einigen Jahren mit dem Titel „Bachelor“ – abschließen. Ihre Amtstitel erstrecken sich vom Leutnant oder Hauptmann über Major, Oberstleutnant und Oberst bis hin zum Brigadier, Generalmajor oder General. Auch bei der Kripo gibt es „gelernte Kriminaloffiziere“, die als Voraussetzung zur Ausübung dieser Funktion ebenfalls eine Offiziersausbildung zu absolvieren hatten.

Hierarchisch darüber angesiedelt, gibt es ferner noch die akademische Ebene mit Juristen, Amtsärzten, Psychologen, Technikern usw. Auch hier werden oft Polizeiuniformen getragen.

In all diesen Ebenen gibt es eine unbestimmte Anzahl von Polizisten, die sich aufgrund ihrer Tätigkeit – beipsielsweise im Bereich der EDV, der Logistik, der Verwaltung oder der Beschaffung – im Innendienst befinden und schon allein deshalb kaum spannende Stories zu erzählen haben. Die wirklich bemerkenswerten Erlebnisse ergeben sich in erster Linie im polizeilichen Außendienst oder im Zuge einer komplexen polizeilichen Fallbearbeitung. Kriminalbeamte haben deshalb sehr oft besonders starke Geschichten, weil sie es sind, die sich im Zuge unterschiedlichster Ermittlungen immer wieder in psychologische Extrembereiche oder in tiefe menschliche Abgründe vorwagen (müssen). In den seltensten Fällen aber verlassen diese Geschichten (vollinhaltlich) ihre Geheimnisträger. Auch wenn es immer wieder Ausnahmen gibt, kann tendenziell gesagt werden: Je höher ein Polizist in der Hierarchie steht, desto weniger wahrscheinlich ist sein authentisches und faktisches Miterleben. Tatsache ist, dass es tagtäglich neue Fälle gibt, die mit unglaublichen Dingen zusammenhängen.

Sehr vielen Personen, samt den professionellen Berichterstattern in den Medien und selbst den meisten Polizisten bleibt keine andere Wahl, als Polizeigeschichten weiter- und nachzuerzählen, die sie aus zweiter Hand erfahren haben.

Das vorliegende Buch durchbricht dieses Dogma auf beeindruckende und berührende Weise.

Oberstleutnant Norbert Janitsch